스케일의 법칙

The Rules of Scale

스케일의 법칙
The Rules of Scale

김병완 지음

행복하고
성공적인 삶의 기술

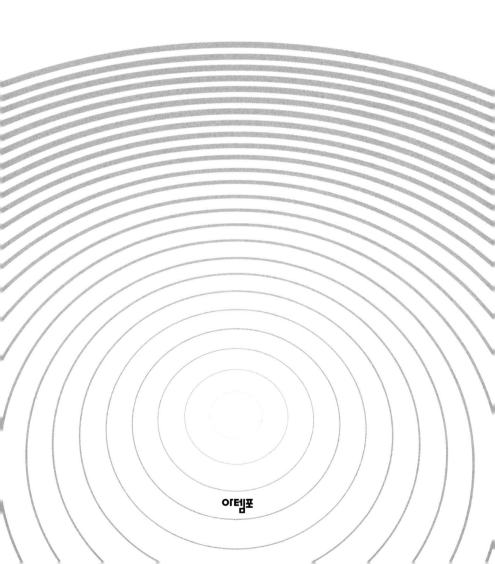

아템포

일러두기

· 이 책은 『스케일: 행복한 성공의 절대 원칙』(2012)의 개정판입니다.

스케일이 큰 사람이 성공한다

어느 날 당신이 잠에서 깼을 때 거인국에 와 있다는 사실을 깨달았다고 상상해보자. 물론 당신은 겁을 먹을 것이다. 주위에서 거인들이 내는 천둥 같은 소리, 낯선 곳에 표류한 듯한 불안한 감정이 당신의 공포심을 더욱 부채질할 것이다. 그런데 어느 정도 시간이 지나면서 당신은 이 거인들이 매우 친절하고, 당신의 안전이나 안락을 특별히 배려하고 있다는 사실을 알게 된다.

그리고 어느 날 당신이 거인을 완벽하게 신뢰하게 되었는데, 거인이 아무런 이유 없이 당신을 위협하고 당신에게 고함을 지르고 폭력을 행사한다고 상상해보자. 그럴 때 당신은 이 거인국에서 어떻게 하면 마음 놓고 살아갈 수 있겠는가? 당신은 살아남기 위해 이 거인국에서 지켜야 할 규칙과 규범을 이해하려고 노력할 것이다. 당신은 거인들을 관찰하고, 천둥처럼 울리는 그들의 대화를 엿들으면서 이 거인국에서 안전하게 살아남으려면 반드시 해야 할 일과 하지 말아야 할 일을 알게 될 것이다.

당신은 거인국에서 거인들의 음식을 먹으며 살고 있으니 거인처럼 몸이 커질 것이다. 그리고 거인국의 규칙을 점점 더 많이 익히게 된다. 그리고 어느 날 당신은 주변에 거인이 한 명도 없다는 사실을 깨닫게 된다.

당신도 거인이 되었기 때문이다.

폴 매케나Paul McKenna는 『일주일 만에 인생을 바꿔라Change your life in 7 days』에서 크고 작은 스케일에 관한 아주 흥미로운 일화를 들려준다. 매케나는 거인의 우화를 통해 성공한 사람, 부유한 사람이 되기 위해서는 소인 시절의 규칙과 습관을 버리고 완전히 새로운, 거인의 규칙을 익히고 배워 그것이 온전히 자기 것이 되도록 체화해야 한다고 역설한다. 그러는 사이에 우리는 성공한 사람, 부유한 사람이 된다는 것이다. 결국 문제는 스케일이다.

당신의 삶은 하찮은 이익에 매달리고, 치졸한 꿈을 꾸고, 비겁하게 살아가는 그런 모습인가? 그렇다면 그것은 당신의 스케일이 작기 때문이다. 당신의 인생이 지질하다면 그것은 당신의 스케일이 작기 때문이다. 이는 당신의 통장 잔고나 당신이 가진 주식이나 부동산과는 아무 관련이 없다. 심지어 당신이 지금까지 이루어놓은 그 어떤 업적이나 성과, 심지어 성공이나 잘 쌓아놓은 신뢰 관계와도 상관이 없다. 오직 당신의 스케일과 관련이 있다.

가진 것은 없지만 대인배로 살아가는 사람이 있는 반면, 엄청난 부동산을 가지고 있지만 소인배로 살아가는 사람이 있다. 나는 이런 사람을 많이 봐왔다. 진정한 부자는 가진 것에 의해 결정되는 것이 아니라 스케일에 따라 결정된다.

스케일이 크지 못한 사람은 결코 인생을 즐길 수 없다. 하루하루 아등바등하면서 헛된 물질과 성공에 집착하며 자신의 영혼을 포기하고 치졸하게 살아가는 사람은, 아무리 많은 부를 쌓고 성공을 이룬다 해도 절대로 인생을 즐기지 못한다.

당신이 조선 시대 임금이라 해도 스케일이 작은 임금이라면, 그 자리를 몇 년 누리지 못하고 이 세상에서 사라지게 될 것이다. 그것이 세상의 이치가 아닌가?

임금의 병은 마음이 좁은 데 있고, 신하의 병은 검소하지 못한 데 있다.

—『십팔사략』

유명한 고전에서도 '임금의 가장 큰 병은 마음이 좁은 데 있다'고 주장하고 있지 않은가? 당신이 더 크게 성공할수록, 더 높은 지위에 오를수록 당신에게 필요한 것은 화려한 집과 수입 자동차가 아니라 엄청나게 큰 스케일이다. 지금 당장 스케일을 키워라.

스케일을 키우면 당신의 삶이 점점 더 나아질 것이다. 스케일이 큰 사람이 세상을 다르게 볼 수 있고, 자신의 천재성을 발견할 수 있고, 발상을 전환할 수 있다. 또한 결단력이 남달라지고, 큰 생각을 할 수 있고, 큰 꿈도 꿀 수 있다. 스케일이 클수록 세상과 타인을 사랑할 수 있고, 용서할 수 있고, 삶의 각 단계를 즐기며 온전히 누릴 수 있다.

The Rules of Scale _____

2장
스케일이 큰 사람이
고수가 된다

스케일이 커야 자신의 천재성을 발견할 수 있다   65
스케일이 커야 생각도 강해진다   70
스케일이 커야 긍정적으로 생각할 수 있다   77
스케일이 커야 크게 생각하고, 멀리 내다볼 수 있다   84
스케일이 커야 세상을 바라보는 시각도 바꿀 수 있다   93
스케일이 커야 발상을 전환할 수 있다   100

3장
스케일이 큰 사람이
진짜 부자가 된다

성공의 최대 법칙은 스케일을 키우는 것이다   111
스케일이 큰 사람이 큰 꿈을 꾼다   117
부유한 생각이 진정한 부를 만든다   125
부자는 결단력이 남다르다   132
궁즉변, 변즉통, 통즉구   138
가장 빨리 부자가 되는 한 가지 방법   147
더 높은 곳에 베이스캠프를 설치하라   154

4장
스케일이 큰 사람이
인생을 즐길 수 있다

5장
스케일이 큰 사람이
평생 배운다

1장

스케일이 큰 사람이
더 쉽게 성공한다

"우리 시대의 가장 위대한 발견은
인간이 자기 마음의 틀을 변화시킴으로써
삶 자체를 바꿀 수 있다는 사실을 깨닫게 된 것이다."

—

윌리엄 제임스

한 번뿐인 인생,
벌레로 살 것인가, 대붕으로 살 것인가

한 인간의 현재 모습은 자신이 만든 결과다.

이 명언을 남긴 프랑스의 철학자 장 폴 사르트르는 신도 왕도 없는 세계에서 자신의 운명을 스스로 결정하는 무한 자유가 부여된 인간의 실존적 상황을 그린 작품들로 1964년 노벨문학상 수상자로 지목되었다. 그러나 그는 이 권위 있는 상을 거부함으로써 자신의 운명을 스스로 결정하는 진정한 자유인임을 다시 한번 입증했다.

사르트르가 말했듯이 우리는 현재 자신의 모습이 스스로 만든 결과라는 사실을 부인할 수 없다. 또한 미래의 모습 역시 지금 우리가 만들어가고 있다는 사실을 부정할 수 없다.

그렇다면, 어떻게 살아야 할 것인가. 어떻게 살아야 제왕들이 전쟁을 벌이는 장기판에서 찍소리 한번 못 하고 사라지는 졸 같은 운명을 극복할 것인가. 어떻게 생각해야 한 번 사용하고 버리는 자판기 일회용 컵과 같은 신세를 벗어날 것인가. 지금 이 순간을 어떻게 살아야 내 운명의 지배자, 내 삶의 주인이 될 수 있을까?

> 물이 깊지 않으면 띄울 만한 힘이 없다. 한 잔의 물을 마루의 움푹 파인 곳에 부으면 가벼운 풀은 배처럼 뜨지만, 술잔을 놓으면 곧 바닥에 달라붙어버린다. 물은 얕은데 띄우려는 물건이 크기 때문이다. 바람 또한 두텁지 않으면 큰 날개를 띄워줄 힘이 없다. 그래서 붕새가 9만 리 상공으로 올라가는 것이다. 그러면 바람은 바로 아래에 있게 되고, 그런 후에야 비로소 바람을 타게 되는 것이다. 푸른 하늘을 등지고 있어 아무것도 그 붕새를 가로막지 못할 터이니, 그제야 비로소 남쪽으로 갈 수가 있다.

『장자』의 내편內篇 「소요유逍遙游」에 나오는 대목이다.

북쪽 바다에 물고기가 있는데, 그 이름이 '곤鯤'이라 한다. 곤의 크기가 몇 천 리나 되는지는 알 수 없다. 이것이 변하여 새가 되면 그 이름을 '붕鵬'이라 한다. 붕의 등도 그 길이가 몇 천 리인지 알 수 없다. 붕이 한 번 날아오르면 그 날개는 하늘에 드리운 구름과 같다. 이 새는 바다에 태풍이 불면 남쪽 바다로 이동한다. 남쪽 바다란 천지를 말한다. 붕이 남쪽 바다로 옮아갈 때에는 물을 쳐올리면 그 높이가 삼천리나 되고, 6월의 거센 바람을 안고 날아갈 때에는 회오리바람을 타고 구만리나 올라간다……

나는 이 대목을 읽었을 때 마치 여행을 하다 놀랍고 황홀한 경치를 보았을 때 감탄하듯 탄성을 질렀다. 인생의 깊고 오묘한 뜻을 깨우쳤기 때문이다.

우리는 거대한 곤과 같은 존재이다. 단지 물속에 잠겨 있어 그 모습을 세상에 드러내지 못하고 있을 뿐, 각자 엄청난 잠재력을 지니고 있다. 뒤에서 자세히 설명하겠지만, 세계적으로 명성을 떨친 유명인들의 천재성과 우수성을 조사한 전문가들은 하나같이 이들이 과거에 평범한 사람 혹은 평범에도 미치지 못하는 사람이었음을 확인했다. 평범한 사람도 천재라고 불리는 사람과 똑같은 잠재력과 가능성을 갖추고 있지만, 성공한 사람들이 붕이 되어 구만리 창공을 날아간다면, 평범한 사람들은 여전히 곤으로 물속에 잠겨 있을 뿐이다.

그렇다면 우리는 어떻게 붕이 될 수 있을까? 누구나 선망하는 큰 삶을 살기 위해 꼭 필요한 것은 무엇일까? 뜨거운 열정, 확고한 의지, 뛰어난 재능, 강인한 체력, 높은 학식, 넓은 인맥, 최상의 환경…… 물론 이러한 것들이 한 사람의 인생이 하나의 전범이 되게 하는 데 필요한 요소일 수 있을 것이다. 하지만 이보다 더욱 근본적이고 필연적인 것이 있다. 그것은 장자가 말한 바와 같이 큰 배를 띄우는 큰물이며, 붕새가 큰 날개를 펼치고 하늘을 날아가게 하는 큰바람이다. 다른 말로 하면, 가치와 의미가 큰 생각, 큰마음이다.

큰 인생을 살려면 스케일이 커야 한다. 스케일이 큰 행동이 없으면 큰일을 이룰 수 없다. 바로 이것이 "큰물이 없으면 큰 배를 띄울 힘이 없고, 큰 바람이 없으면 큰 날개를 펼칠 수 없다"라는 장자의 가르침이다.

큰물이 없는 곳에서 큰 배를 띄우겠다는 목표를 세운다거나, 큰바람이 불지 않는 곳에서 큰 날개를 펼치겠다며 거창한 꿈을 꾼다면 이는 한낱 공상에 불과하다. 큰 성공에는 큰 목표와 큰 꿈과 큰 의지가 반드시 필요하다. 문제는 이런 큰 삶을 감당할 준비가 되어 있어야 하고, 또 그것이 저절로 되는 것이 아니라는 사실을 분명히 인식하고 있어야 한다는 점이다.

자, 어떻게 살 것인가.

월말에 손에 쥐는 몇 푼 봉급이나 수입에 목을 매고, 있는 자들에게서 모욕과 설움을 받는 대가로 하우스푸어로나마 아파트를 소유하고, 등골이 휘면서 자식 교육비를 감당하고, 불안한 노후를 걱정하며 살아갈 것인가. 아니면 전혀 새로운 세상에서 거인국의 규칙을 하나하나 배우고, 거인처럼 생각하고 행동하며 거인으로 살아갈 것인가. 선택은 각자의 몫이다.

장자가 말하는 큰 배도 큰물이 없으면 넓은 바다를 항해할 수 없고, 붕새도 큰바람을 타지 못하면 구만리 창공을 거침없이 비상할 수 없다. 우리에게는 각자 '인생'이라는 큰 배를 띄우고 붕새를 날아가게 할 특

권과 의무가 있다. 물속에 잠겨 아무도 볼 수 없었던 곤이 붕새가 되어 하늘 높이 날아오르려면 재능을 계발하고 학식과 자격을 쌓는 정도의 변화로는 충분하지 않다. 큰 삶을 살려면 삶 자체를 송두리째 바꾸는 혁명적인 변화가 필요하기 때문이다.

벌레가 될 것인가, 대붕이 될 것인가?
소인배로 지질한 삶을 살아갈 것인가, 대인배가 되어 인생을 누릴 것인가?

그렇다면 성공의 가장 근본적인 토대가 되는 큰물, 큰바람은 어디서 찾을 수 있는가. 이 세상 어디에도 없다. 우리가 스스로 만들어야 하기 때문이다. 지금까지는 검불이나 띄우는 작은 웅덩이에서 살았다면, 작은 촛불이나 끌 수 있는 작은 바람이나 불었다면, 이제는 큰 배를 띄우는 큰물, 붕새의 큰 날개를 펼치게 하는 큰바람이 되는 변화를 추구해야 한다. 이것이 바로 인생을 송두리째 바꿀 혁명적 변화다. 그 혁명적 변화의 핵심은 우리 내면에 있다. 바로 스케일이다.

영국의 시인이자 소설가이며 극작가였던 오스카 와일드는 다음과 같은 멋진 말을 남겼다.

성공은 과학이다. 조건을 갖추면 결과를 얻는다.

그의 말대로 성공은 과학적인 적확성으로 인과법칙에 따라 이루어지는 결과다. 누구나 성공의 '원인'이 되는 조건을 갖춘다면, 반드시 성공이라는 '결과'에 도달할 수 있다. 많은 이들이 성공의 조건을 재능이나 능력, 좋은 집안, 넓은 인맥, 탄탄한 학벌, 천부적인 감각이라고 생각하지만, 정작 중요한 것은 이런 자산들이 제 역할을 하고 빛을 발하게 하는, 더욱 근본적이고 잠재적인 능력이다.

이런 잠재적인 능력은 일본인들이 관상어로 기르는 '고이'라는 잉어의 성장력과 닮았다. 이 물고기는 작은 어항에서 기르면 크기가 5센티미터 정도로 자라지만, 연못처럼 큰 곳에서 기르면 25센티미터까지 성장한다. 인간의 잠재력도 이와 다르지 않다. 얕은 물, 작은 바람에서는 아무리 재능이 많고 역량이 뛰어나도 그 능력을 온전히 발휘할 수 없다. 작은 우물에서는 고래가 살 수 없다. 고래는 넓은 바다로 나아가야 한다. 고래가 마음껏 활개치며 살기 위해 넓은 바다로 나아가듯이 우리는 스스로 큰물, 큰바람을 만들어야 한다.

미국의 32대 대통령 프랭클린 루스벨트는 "항구에 도달하려면 반드시 항해해야 한다"라는, 유머러스하면서도 교훈적인 명언을 남겼다. 배를 타고 항해하려면 무엇보다도 깊고 넓은 바다가 있어야 한다. 자기 인생을 항해할 물이 작은 호수에 불과한데 배만 항공모함처럼 만드는 사람이 있다. 엄청난 능력과 재주와 학식과 인맥을 갖추고도 정작 인생에서 아무것도 이루지 못한 채 하루하루 좁은 물에서 아등바등 살아가는 사람들을 주변에서 흔히 볼 수 있다.

앞서 언급한 「소요유」에서 장자는 구만리 창공을 날아가는 붕을 바라보며 매미와 작은 비둘기가 자조적으로 나누는 대화를 이렇게 옮긴다.

> 우리는 몸부림을 치면서 날아봐야 겨우 느릅나무와 박달나무 위에나 올라갈 뿐이고, 때로는 그나마도 못 미쳐 땅에 떨어지고 말지. 그런데 무엇 때문에 9만 리까지 올라가고 또 남쪽으로 날아간단 말인가?

이어서 큰 삶을 꿈조차 꾸지 못하는 자들을 향해 장자는 이렇게 말한다.

> 푸른 숲이 우거진 교외로 가는 자는 세끼 밥만 가져가도 돌아올 때는 배가 덜 꺼져 있으나, 백 리를 가는 자는 하룻밤 양식을 찧어야 하고, 천 리를 가는 사람은 석 달 먹을 양식을 마련해야 한다. 이 두 동물이 붕새의 경지를 어찌 알겠는가?

자, 어떻게 살 것인가.

붕새의 비상을 넋 놓고 바라보는 벌레가 될 것인가, 아니면 구만리 창공을 날아가는 대붕이 될 것인가. 선택은 각자의 몫이고, 이 책은 여러분이 붕새로 다시 태어나는 길을 이야기할 것이다.

이 책에서는 큰 삶, 성공적인 삶을 위해 절대적으로 필요한 근본적인 조건들, 다시 말해 큰바람, 큰물을 스스로 어떻게 만들어갈 것인지를 이야기할 것이다. 그리고 그런 조건을 갖추기 위해 스케일을 키우는 데 도움이 되는 이야기를 들려줄 것이다.

명심하자. 스케일이 작다면 아무리 큰 성공을 거둔다 해도 인생을 즐기거나 누릴 수 없다. 스케일이 크다면 당신이 어떤 위치, 어떤 환경에 있더라도 인생을 즐기거나 누릴 수 있다. 그러므로 먼저 스케일을 키워라.

능력이나 재주는
큰 차이를 만들지 못한다

미국에서 자기계발 강의가 유행하기 시작하던 초창기의 일이다. 강사였던 토머스는 늘 자신감이 부족했다. 그래서 자기와 똑같은 시간을 강의하고 수강생 수도 비슷한 동료 강사들이 자기보다 더 많은 연봉을 받고 있다는 사실을 알면서도 사장에게 항의할 엄두를 내지 못하고 있었다. 그러나 토머스가 사장을 찾아가 따질 수 없었던 가장 큰 원인은 무엇보다도 스스로 자신이 동료들보다 더 낫다고 생각하지 않는다는 데 있었다. 그래서 동료들보다 낮은 연봉을 받아도 그것이 크게 불합리한 처사는 아니라고 스스로 인정하고, 그나마 직장이 있고 할 일이 있다는 사실을 위안으로 삼았다. 그런데 토머스의 연봉이 3년 만에 열 배로 뛰었다. 그사이에 무슨 일이 있었던 것일까?

토머스는 어느 날 거리에서 '앨빈'이라는 이름의 한 노숙자를 만났다. 앨빈은 바쁘게 지나가는 토머스를 붙잡고, 잠시만 자기 이야기를 들어달라고 사정했다.

토머스는 노숙자의 돌발적인 행동에 당황했지만, 그의 진지한 표정과 그에게서 풍기는 분위기로 보아 해를 끼칠 사람은 아니라고 판단했다. 그에게 무슨 일인지 묻자 노숙자는 이렇게 말했다.

"나는 작년까지만 해도 잘 알려진 대기업의 회장이었소. 하지만 지금은 노숙자 신세가 되었지. 내가 이렇게 된 사연을 누군가에게 꼭 들려줘야 할 것 같아서 대상을 찾던 중에 이 거리를 지나가는 당신을 보았고, 당신이 가장 적합한 대상인 것 같아서 붙잡은 것이오. 결례가 되었다면 용서하시오."

다른 노숙자와는 달리 그에게서 보이는 진지한 정중함과 세련된 품격에 압도당한 토머스는 혼란스러워졌다.

'어떻게 노숙자의 말투와 행동이 이렇게도 격조 높을 수 있을까?'

속으로 감탄한 토머스가 그에게 말했다.

"무슨 이야기를 하시려는지는 모르겠지만, 일단 시끄러운 거리를 벗어나야 할 것 같습니다. 길 건너편 식당으로 가실까요?"

두 사람은 길 건너편에 있는 식당으로 들어갔다. 안에서 식사하던 사람들이 노숙자를 바라보는 시선이 따가워 두 사람은 눈에 잘 띄지 않는 구석 자리로 가서 앉았다.

종업원에게 음료를 주문했고, 식사는 생략하기로 했다. 토머스는 거리에서 처음 만난 노숙자와 식사까지 함께할 필요는 없다고 생각했기 때문이다.

노숙자는 토머스에게 들려주고 싶었다던 이야기를 시작했다. 그는 작년까지 어느 대기업 회장이었지만, 1년 전 회사가 파산하면서 자신은 회장직에서 쫓겨났고, 재산은 압류당했으며, 가족은 모두 뿔뿔이 흩어졌다고 했다. 그리고 자신은 결국 노숙자로 전락했지만, 이제는 돈을 벌고 싶은 욕심이 없다고 했다. 이렇게 노숙자로 몇 년을 더 지내다가 세계 일주 여행을 떠날 예정이라고도 했다.

그의 이야기를 듣고 있던 토머스는 이해할 수 없는 대목이 있어 노숙자의 말을 끊고 물었다.

"아니, 돈 한 푼 없는 노숙자 신세로 어떻게 세계 여행을 떠나겠다는 건가요? 여행 경비는 누가 주나요?"

"아닐세. 경비는 내가 마련할 걸세."

"세계 일주를 하려면 적잖은 돈이 들 텐데, 그 돈을 어떻게 마련하실 건가요?"

"나는 돈 버는 방법을 잘 알고 있다네. 그래서 대기업 회장이 될 수 있었지. 단지 돈 때문에 싸우는 자식들이 보기 싫어서 고의적으로 회사를 파산하게 하고 노숙자가 된 걸세!"

"뭐라고요? 일부러 자기 회사를 망하게 했다고요?"

토머스는 노숙자의 말을 곧이곧대로 믿을 수가 없었다. 일단 노숙자 처지에서 어떻게 여행 경비를 마련할 것인지 구체적인 방법을 물어보았다. 사실 노숙자의 말을 믿기 어려웠기에 가장 먼저 던지고 싶었던 질문이기도 했다.

"그렇다면 여행 경비는 어떻게 마련하실 생각인가요? 구체적인 방법이 궁금하군요."

"돈은 물과 같은 걸세. 물은 낮은 곳으로 흐르게 되어 있지. 돈도 마찬가질세. 돈이 저절로 흘러가는 낮은 곳은 바로 '가치가 있는 곳'이라고 할 수 있네. 돈은 가치가 있는 사람에게 흘러가게 되어 있다네."

"가치가 있는 사람이라고요?"

"그렇다네. 가치가 있는 사람은 능력이나 재주가 있는 사람이기도 하지만, 그런 것들은 가장 낮은 수준의 가치일세. 그래서 그런 낮은 가치가 있는 사람에게는 약간의 돈이 흘러들어오지. 하지만 능력이나 재주보다 훨씬 더 큰 가치가 있는 사람들이 있다네."

정체불명의 노숙자와 나누는 이야기에 몰입해 있던 토머스는 문득 식당 안에 있던 사람들이 하나둘 식사를 마치고 자리를 뜨고 있다는 사실을 깨닫고는 결국 식사를 주문했다. 노숙자와 대화가 길어질 것 같았고, 무엇보다도 지금까지 한 번도 들어본 적이 없는 이야기를 들려주는 노숙자가 보통 사람 같지는 않다는 생각이 들었기 때문이다. 물론 근거는 없었지만, 토머스는 그런 생각에 사로잡혔다.

"능력이나 재주가 있는 사람보다 더 가치 있는 사람은 자기 가치를 스스로 높일 수 있는 사람이며, 동시에 자기 가치를 의심하지 않는, 신념 있는 사람이지! 그런 사람이 이 세상을 바꾸고, 세상을 이끈다네! 능력

이나 재주 따위는 얕고 작은 가치에 불과하다네. 그런데 많은 사람이 그
것만 믿다가 스스로 몰락을 자초하지!"

늘 자신에게는 남다른 능력이나 재주가 없다고 생각했던 토머스에
게는 매우 반가운 소리였다. 하지만 노숙자의 말을 들으면서 그의 마음
속에서는 의문이 꼬리에 꼬리를 물고 이어졌다.

"자신의 가치를 스스로 향상할 수 있는 사람은 어떤 사람인가요?"

"어제까지는 우유부단하고 소심한 사람이었지만 오늘부터는 과감
하고 담대하게 스스로 발전하는 사람이라고 할 수 있겠지. 이런 변화는
자신보다도 세상이 더욱 민감하게 감지하고, 그 변화에 걸맞게 대응하기
마련이라네. 그래서 우유부단한 사람에게 세상은 그 우유부단함에 걸맞
게 혼란스러운 상황으로 대응하지. 하지만 이름도 변함없고 겉모습도 똑
같은 그 사람이 일단 결단력 있는 인간으로 변하고 나면, 세상은 그에게
혼란스러운 상황이 아니라 그 결단력과 확신에 걸맞은, 분명하고 확고한
길을 열어주게 되는 걸세. 그렇게 결단력 있는 사람에게 이 세상의 부가
흘러들어가는 거라네."

"우유부단한 사람이 부자가 되지 못하는 건 열심히 일하지 않아서
가 아니라, 세상이 그렇게 대응하기 때문이라는 말씀인가요?"

"그렇지. 세상은 반드시 어떤 가치가 있는 사람에게 그 가치에 대응
하는 것을 주게 되어 있다네. 이것만은 틀림없는 사실일세. 이것은 누가
의도적으로 정해놓은 규칙이 아니라, 오래전부터 세상을 지배해온 자연
의 법칙일세."

"그렇다면 결단력 있는 사람은 일하지 않아도 돈이 저절로 굴러들어온다는 말씀인가요?"

"결단력 있는 사람은 일을 이것저것 벌이지 않아도 그만큼의 가치가 있기 때문에 세상이 그에게 돈을 내어주는 것이지."

"우와! 정말 놀라운 사실이군요. 그런데 제가 그 말을 어떻게 믿죠?"

"자네 모습을 한번 보게. 나는 자네가 저 광장 옆의 건물에서 강사로 일한다는 걸 알고 있네. 벽에 붙어 있는 포스터와 자네 회사에서 배포하는 광고 전단을 보면 자네뿐 아니라 자네 동료 강사들에 대한 소개도 모두 나와 있지."

"네, 맞아요. 우리 회사 홍보 자료를 보면 다 알 수 있죠."

"그런데 자네는 자네 동료 강사들보다 일을 적게 하는 것도 아니고, 회사의 잡일까지 도맡아 하고 있지 않나? 일의 양이나 일하는 자세를 보면 자네가 동료 강사들보다 회사에 대한 기여도가 훨씬 더 높지. 그런데도 자네는 동료 강사들보다 더 좋은 대우를 못 받고 있지 않나?"

토머스는 비로소 노숙자의 말에 일리가 있다는 것을 깨달았다.

"맞아요. 저 자신을 돌아보니 그 말씀이 맞네요. 하지만 다른 강사들보다 제 연봉이 낮은 것은 제가 능력이나 소질이 별로 뛰어나지 못하기 때문이에요."

"아닐세. 능력이나 소질은 엇비슷하지. 오히려 자네 능력과 소질이 더 뛰어나지만, 단지 자네가 그 사실을 모르고 있을 수도 있네. 어쨌든 능력이나 소질은 항상 변하게 마련이고, 그것은 성공에 큰 영향을 주지 못한다네.”

“그렇군요. 그럼 제가 일은 더 많이 하면서도 돈을 더 적게 받는 이유가 저의 가치를 스스로 향상하지 못하는 사람이기 때문이라는 말씀이군요!”

“맞아. 이제야 자네가 내 말을 조금씩 이해하는 것 같군. 스스로 자신의 가치를 향상하기만 한다면 돈은 저절로 들어온다네!”

그렇게 전직 대기업 회장이었던 노숙자와 대화하는 사이에 주문한 음식이 나왔고, 두 사람은 식사하면서 대화를 이어갔다.

“그렇다면 저 역시 오늘부터 일을 더 열심히 하기보다는 저의 가치를 향상하는 데 집중하는 것이 현명한 부자가 되는 길이겠군요?”

“그렇지! 바로 그거야!”

토머스는 조금 놀랐다. 하지만 뭔가 자신이 미처 몰랐던 것을 알게 된 듯한 묘한 기분이 들었다.

“자신의 가치를 스스로 향상하는 사람이 되려면 무엇을 해야 할까요?”

“가장 먼저 자신이 최고라고 생각해야 하네. 예를 들어 자네가 모든 강사 중에서 최고라고 스스로 믿고, 자네가 지금 받고 있는 연봉의 열 배를 받을 자격이 있다고 스스로 생각해야 하네. 물론 그것은 생각만으로 되는 일이 아니지. 그런 생각이 자네 마음속에서 자리를 잡고, 그것이 신념이 되고, 또 그것이 행동으로 표현되어야 하네. 말투와 눈빛과 행동과 사고에서 그것이 자연스럽게 흘러나올 때 세상은 자네에게 그에 걸맞은 대우를 해주고 반응을 보일 걸세."

"하지만 자기가 최고라고 생각하고 또 그렇게 믿으려면 자신의 능력과 재주가 바탕이 되어야 하지 않겠습니까?"

"그런 건 아닐세. 물론 능력과 재주가 중요하지만, 결국 아주 작은 차이를 만들 뿐이지. 그런 것들은 사회인으로서 인생을 시작할 때 미미한 차이로 작용할 뿐이지만, 사람들은 마치 그것이 전부인 양 거기에 너무 큰 가치를 부여하고 있다네. 그래서 거기서 헤어나지 못하고, 평생 그것을 짊어지고 살아가게 되지."

"능력과 재주가 아주 작은 차이를 만들 뿐이라고요?"

"그렇다네. 큰 부자가 되는 사람, 이 세상에서 큰 것을 얻어내는 사람과 그렇지 못한 사람 사이에는 백 배, 천 배, 만 배의 차이가 있지만, 인간의 능력이나 재주는 기껏해야 두서너 배 차이가 날 뿐이지. 달리기를 예로 들어보면 쉽게 이해할 수 있다네. 달리기를 잘해서 세계에서 가장 빠른 사람과 평범한 사람의 차이는 두 배가 넘지 않지. 하지만 세계에서 가장 빠른 사나이가 받는 보상은 평범한 사람들이 받는 보상보다 열 배, 백 배 많지 않나? 바로 그것이 재능과 가치의 차이라네."

"아, 그렇군요. 대기업을 운영하는 갑부라고 해서 회사의 직공들보다 능력이나 재주가 월등히 뛰어난 것도 아닌데 엄청난 보상을 받지요. 어떤 사람들은 일도 하지 않으면서 엄청난 부자로 살고요."

"그렇지. 세상의 부자와 가난한 자의 격차가 생기게 하는 것은 능력이나 재주가 아니라 바로 가치라네! 그것도 스스로 자신에게 부여한 가치가 모든 것을 결정한다네."

"하지만 자신에게 가치를 부여한다고 해서 실제로 그렇게 가치 있는 인간이 된다는 보장은 없잖아요?"

"어두운 밤이 지나고 새벽이 오면 반드시 해가 뜬다네. 썰물 뒤에는 반드시 밀물이 오지. 추운 겨울이 끝나면 반드시 봄이 온다네. 여기에 어떤 보장이 필요한가?"

"그렇군요. 보장이 있든 없든 그렇게 될 수밖에 없다는 말씀이군요."

"그렇지. 그리고 자네는 조금 전에 내가 어떻게 세계 일주 여행 경비를 마련할 것인지 물어보지 않았나?"

"예. 어떻게 경비를 마련하실 건가요? 제게 말씀하신 대로 '가치를 향상해서' 마련하실 건가요?"

"하하하, 그런 건 아니야. 나는 이미 내 가치를 충분히 향상해놓았네. 그리고 지금이라도 그 가치를 얼마든지 활용할 수 있네. 수십 년 넘게 나는 가치를 스스로 향상해왔고, 그것이 이제는 충분히 축적되어 있다네. 그래서 지금이라도 마음만 먹으면 나는 다시 부자가 될 수 있지."

"가치를 축적해놓으셨다고요? 돈이 아니라 가치를 어떻게 모아둘 수 있죠?"

"사실 돈은 아무리 많이 축적해도 언제든지 사라져버릴 수 있지. 그리고 돈의 주인은 영원하지 않아. 하지만 가치는 영원하고, 한번 만들어놓으면 누가 훔치거나 빼앗을 수도 없어. 가치는 누가 뭐래도 부정할 수 없는 자기만의 것이지. 나는 오늘이라도 이 도시 어느 회사에든 찾아가 내가 그동안 가치를 축적하면서 성취한 경력을 이야기하면, 경영자로 모시겠다고 제안할 가능성이 크다네. 그들은 나의 능력이나 재능이 아니라 나의 가치를 보고 그렇게 반응할 걸세!"

"오랫동안 기업을 성공적으로 경영해오신 분이라면 그럴 수도 있겠군요. 하지만 그건 가치의 문제라기보다는 단순히 경영 능력이 아닌가요?"

"표면적으로는 그것이 능력처럼 보일지 몰라도 그 이면은 결국 가치로 가득 채워져 있다네. 가치가 없다면 인간은 아무것도 할 수 없는 존재라네. 그리고 그 가치는 결국 스스로 만들어야 하지. 자네가 연봉을 더 많이 받고 싶다면, 단순히 재능을 기르겠다고 마음먹기보다는 어떻게 하면 자네의 가치를 향상할 수 있을지를 고민해야 하네."

"좋습니다. 일단 제 가치를 향상하는 일에 집중하며 1년 동안 노력해보겠습니다. 오늘 대화는 제게 정말 소중했습니다. 감사합니다."

"자네에게 이 이야기를 꼭 들려주고 싶었다네. 내게도 즐거운 대화였어. 식사도 고마웠네."

여기서 말하고자 하는 것은, 능력이나 재주는 우리가 큰 성공을 거두는 데 그다지 중요하지 않다는 사실이다. 『석세스 존』의 저자 진 베델 Gene Bedell은 능변가도 아니고 경영자로서 능력이 뛰어나지도 않았고 학창 시절에 우등생도 아니었지만, 누구보다 일찍이 자신의 가치를 구축하여 성공을 향해 간 사람이다. 그 덕분에 그는 미국 상위 1퍼센트에

속하는 부호가 되었다. 그는 자신의 성공 경험을 토대로 '최고의 성공 Outstanding Success'을 주제로 강연하러 다니며, 가족과 함께 여유로운 삶을 즐기는 등 최고의 성공을 만끽하고 있다. 그는 인맥이나 학벌, 타고난 관리 능력 없이도 원하는 분야에서 성공하는 방법을 이 책에서 소개하고 있다.

우리 주위를 살펴보면 최고의 성공을 거둔 사람 중에는 아이비리그와 같은 명문 대학 출신으로 학벌이 좋은 사람도 있고, 대단한 집안 배경 덕분에 출세한 사람도 있다. 하지만 간과해서는 안 될 사실이 있다. 위대한 기업을 일군 사람이나 위대한 성공을 거둔 사람은 대부분 주변에서 흔히 볼 수 있는 평범한 사람들이다. 게다가 갈수록 명문대 출신 중에서 성공하는 사람들의 비율이 줄어들고 있다.

1980년만 해도 미국의 대기업 최고경영자 가운데 32퍼센트가 아이비리그 졸업생이었지만, 1990년에는 19퍼센트, 2005년에는 10퍼센트로 그 비율이 계속 줄어들고 있는 것이 현실이다. 그뿐 아니라 우리나라에는 명문 대학 졸업장을 손에 쥔 머리 좋은 수재가 많이 있지만, 창의적이고 혁신적인 분야에서 노벨상을 받은 사람이 단 한 명도 없다는 사실은 기업 경영이나 사회활동, 학문 분야에서도 학벌이 그리 중요하지 않다는 사실을 말해준다.

2002년 일본에서는 지방에 있는 도호쿠 대학 평범한 학사 출신으로 만년 주임 연구원이었던 다나카 고이치田中耕一가 노벨화학상을 받았다. 앞으로 우리는 이러한 사례를 더욱 자주 보게 될 것이다.

진 베델의 주장처럼, 최고의 성공을 거둔 사람들은 좋은 두뇌를 지니고 좋은 대학을 나온 사람들보다 더 열심히 일했고, 온전히 피와 땀의 결과로 현재의 자리에 이르렀다. 다시 말해 능력, 학력, 재능은 최고의 성공을 거두는 데 그다지 중요한 요소로 작용하지 않는다. 게다가 오늘날에는 그런 것들과 무관하게 성공을 거두는 사람이 훨씬 더 많아지는 추세다. 베델의 말처럼 최고의 성공을 거둔 사람들에게 공통적인 특징이 있다면, 그들은 모두 특별한 재능이 없었던 평범한 사람들이라는 점이다. 그는 최고의 성공을 이루게 해주는 것은 뛰어난 재능이 아니라 일상적인 습관이라는 사실을 알고 적잖이 놀랐다고 고백한다. 그렇다면 일상적인 습관의 본질은 무엇일까?

그것은 매일 우리가 수없이 하는 생각과 신념의 체계다. 그렇다. 마치 거대한 배를 조종하는 작고 예민한 방향타처럼 우리의 생각과 신념은 우리를 최고의 성공으로 이끌 수도 있고, 다시는 돌아올 수 없는 나락으로 몰아갈 수도 있다.

토머스는 식당에서 나와 노숙자와 헤어졌다. 그의 가슴에는 알 수 없는 기운이 샘솟았다. 그것은 무엇이었을까? 마치 뭔가에 홀린 듯 전에는 까맣게 모르고 있었던 어떤 변화의 돌파구를 발견한 것만 같았다.

토머스는 노숙자의 충고대로 자신의 가치를 향상할 수 있는 여러 가지 방법을 찾아보았다. 가령 오늘부터 자신에게 '너는 최고의 강사다' '너는 지금 연봉의 열 배를 더 받을 수 있는 강사다' '너는 세상에서 가장 뛰어난 강사다'라는 말을 수십 번씩 반복하는 습관을 들이고, 그렇게 훈련하기로 했다. 그리고 무엇보다도 부정적인 생각은 절대 하지 않기로 했고, 스스로 더 높은 가치를 부여하는 훈련을 계속했다.

그렇게 몇 달이 지나자 놀라운 일이 벌어졌다. 사장이 먼저 제안하여 토머스의 연봉을 동료 강사 중에서 가장 높은 금액으로 책정해주었다. 그리고 몇 개월이 지나자, 그는 회사에서 가장 많은 연봉을 받는 사람이 되었다. 결국 토머스는 1년 만에 이전 연봉보다 정확하게 열 배를 받는 고액 연봉자가 되어 있었다.

토머스는 비로소 1년 전 노숙자의 말을 떠올리며 놀라지 않을 수 없었다. 그리고 성공과 실패, 부와 가난, 승리와 패배가 모두 가치에서 나온다는 사실을 다시 한번 확신하게 되었다. 토머스는 1년 전에 자신이 하던 강의의 내용이나 질은 전혀 바뀌지 않았음에도 그 강의를 하는 사람이 바뀌자 연봉이 열 배로 뛴 사실에 경이를 느꼈다. 세상이 먼저 그의 가치를 알아보고 그 가치에 걸맞은 것을 내준 것이다.

토머스의 일화는 우리가 스스로 어떤 가치를 부여하느냐에 따라 어떤 삶을 살게 되는지를 보여준다. 즉 우리가 지향하는 삶은 그것을 어떤 자세로 바라보느냐에 달렸다. 여기 또 하나 흥미로운 사례가 있다.

자신에게
최상의 가치를 부여하라

어느 동네에 축구를 좋아하는 두 친구가 살았다. 둘은 실력이 비슷했지만, 한 명은 늘 "나는 세계 최고다"라고 말했다. 사람들은 그런 그를 보고 쓴웃음을 지었다. 다른 한 명은 자주 "나는 세계 최고가 되고 싶다"라고 말했다. 동네 사람들은 그를 겸손하다며 칭찬해주었다.

그렇게 10년이 지나고, 또 10년이 지났다. 두 친구 중 한 명은 전 세계가 열광하는 최고의 축구 선수가 되었다. 그리고 다른 한 명은 국가대표 선수조차 되어보지 못한 채 무명의 축구 선수가 되었다. 왜 이런 차이가 생겼을까? 왜 실력이 비슷한 두 사람 중에서 한 명은 늘 입버릇처럼 말하던 '세계 최고의 선수'가 되고, 나머지 한 명은 빛을 보지 못한 무명의 선수가 되었을까?

세계 최고의 축구 선수가 된 첫번째 친구는 바로 박지성 선수다.

그리고 세계 최고가 되고 싶다는 열망만 품고 있다가 그렇게 되지 못한 다른 친구는 이 땅에 사는 모든 평범한 축구 선수들이며 그저 꿈만 꾸면서 아무것도 이루지 못한 우리 모두이다.

이런 차이가 생기는 이유를, 우리는 앞서 설명한 가치 귀착 현상으로 설명할 수 있다.

"나는 세계 최고다"라는 말에는 자신이 세계 최고라는 사실에 일말의 의혹도 포함되지 않았다. 누가 뭐래도, 세상이 비웃어도 나는 '세계 최고'인 것이다. 이 말을 수천, 수만 번 되뇌면서 훈련한 사람은 실제로 세계 최고가 되었다. 박지성 선수는 고등학교 때까지도 별로 두각을 나타내지 못했지만, 그는 습관처럼 "나는 최고다. 나는 최고의 선수다"라는 말을 되풀이했다.

그러나 "나는 세계 최고가 되고 싶다"라는 말에는 "나는 세계 최고가 아니다"라는 부정적인 의미가 그대로 숨어 있다. '세계 최고가 아니기 때문에 세계 최고가 되기를 바란다'는 말은 스스로 세계 최고가 아니라는 사실을 인정하는 진술이다. 그럴 때 머릿속의 뇌와 온몸의 세포와 강력한 무의식은 '세계 최고가 아니다'라는 가치에 자연스럽게 반응한다. 이 말은 자기가 세운 목표에 도달할 수 있다는 것을 일말의 의심 없이 확신하는 사람과 그렇지 못한 사람을 확연히 가른다. "말이 씨가 된다"라는 우리 속담이 경고하듯 말의 힘이 얼마나 중요한지를 시사하는 대목이다.

나는 세계 최고다?

'나는 세계 최고다?'라는 문장이 신문에 큼지막하게 실린 적이 있었다. 문제는 뒤에 달린 물음표가 암시하는 의미였다. 이 말은 당시 무명에 가까웠던 권투 선수 캐시어스 클레이Cassius Clay가 큰 시합을 앞두고 어느 신문기자와 인터뷰하면서 당당하게 남긴 말이었다. 기자는 이 말을 헤드라인으로 사용하면서 원래 긍정문이었던 문장 끝에 물음표를 달아 무명 선수의 확신을 비웃었다.

클레이는 1942년 미국 켄터키 주 루이빌에서 태어났다. 흑인이었던 그는 인종차별이 극심했던 켄터키에서 몹시 궁색한 어린 시절을 보냈다. 하지만 열악한 환경에서 권투 선수가 되기를 꿈꿨던 클레이는 언제나 "세계 최고의 선수가 되고 싶다"가 아니라 "세계 최고의 선수가 될 것이다"라고 말했으며, 권투 선수가 되고 나서도 스스로 자신에게 '최고'의 가치를 부여했다. 그는 당당하게 말했다.

"나는 세계 최고다."

이 말을 들은 기자들은 그의 자신감을 비웃었고, 기사에서 그를 조롱했다. 그러나 아무리 많은 사람이 비웃어도 클레이는 자신이 세계 최고라는 사실을 단 한 번도 의심하지 않았다. 마침내 그는 1964년 2월 25일 헤비급 챔피언 소니 리스튼과 맞붙었다. 주먹 하나가 어른의 머리통만 하다는 헤비급의 제왕 리스튼은 당시에 천하무적이었다. 객관적으로 경력, 실력, 경험을 비교해봐도 클레이는 리스튼의 적수가 될 수 없었고, 거의 모든 이가 무명이나 다름없는 클레이의 패배를 예상했다. 하지만 자신이 최고라고 믿었던 클레이는 설령 상대가 2년간 챔피언 자리를 굳게 지켜온 최강의 선수라 할지라도 전혀 흔들리지 않았다.

드디어 시합이 시작되었다. 신념으로 단단하게 무장한 클레이는 모든 이의 예상을 뒤엎고 8회에 리스튼을 링 바닥에 눕히면서 KO승을 거두었다.

이후에도 그는 전 세계를 순회하며 경기하면서 늘 "나는 세계 최고다"라는 말을 되풀이했다. 그리고 경기할 때마다 상대를 몇 회에 KO 시킬 것인가를 미리 선언했고, 그의 예언은 대부분 실현되었다. 그는 나중에 자신의 성공 비결을 이렇게 요약했다.

내가 최고가 될 수 있었던 것은 반은 실력이고, 반은 말의 힘입니다.

스스로 가치를 부여하여 성공적인 삶을 살았던 전범으로 우리는 찰리 채플린을 기억한다. 그는 일찍이 부모에게서 버림받고 고아원에서 지독한 굶주림에 시달리며 살아가면서도 자신이 최고의 배우라는 믿음을 버리지 않았다. 세계적인 배우로 성공한 그는 추위와 배고픔을 이겨내고 자신을 지탱해주었던 비결을 이렇게 밝혔다.

인간에게 중요한 것은 자신감을 갖는 것이다. 고아원에서

먹을 것을 찾아 헤매던 시절에도 나는 늘 내가 세계 최고
의 배우라고 생각했다.

성공은 스스로 가치를 부여하는 사람에게 찾아온다. 자석은 그 크기가 클수록 더 큰 쇳덩어리를 끌어당길 수 있다. 자신에게 더 큰 가치를 부여하고 그것을 흔들림 없이 확신한다면, 그 신념의 힘이 긍정적인 미래를 끌어당긴다.

이처럼 어떤 가치를 어떻게 귀착하느냐에 따라 미래가 달라지는 현상을 실증적으로 증명한 사례가 있다. 미국 듀크 대학의 행동경제학 교수 댄 애리얼리Dan Ariely는 『사람의 마음을 흔드는 선택의 비밀, 스웨이』에서 매우 재미있는 실험 하나를 소개한다. 사람이나 사물에 대해 어떤 가치를 귀착시키면, 이후의 대응이나 평가가 극적으로 바뀐다는 사실을 증명하는 실험이다.

실험자는 학생들을 세 그룹으로 나누고 30분짜리 단어 맞히기 테스트를 이용하여 각 그룹의 지능을 측정한다. 그런데 테스트를 시작하기 전에 실험자는 학생들에게 '소비SoBe'라는 회사에서 출시한 음료 아드레날린 러시가 두뇌 활동을 촉진한다는 인식을 심어준다. 그리고 첫번째 그룹에는 이 음료를 전혀 마시지 않은 상태로 테스트를 받게 하고, 두번째 그룹에는 이 음료의 지능 개선 효과를 설명해준 다음 음료를 나눠주고 나서 효과가 나타날 때까지 비디오를 보며 기다리게 한다. 그러

고는 음료 가격 2달러 89센트를 연구기관에 청구할 수 있도록 사용 확인서에 서명해달라고 부탁한다. 이 두번째 학생 그룹은 기대치가 높은 그룹이라고 할 수 있다. 마지막으로 세번째 그룹에는 두번째 그룹과 똑같은 양의 똑같은 음료를 제공하지만, '할인 품목'이라는 그럴듯한 이유를 꾸며대고 2달러를 할인한 가격에 이 음료를 마시게 한 다음 테스트에 응하게 한다.

실험 결과, 첫번째 그룹과 두번째 그룹은 테스트 결과가 비슷했지만, 두번째 그룹의 점수가 약간 높게 나왔다. 기대치가 조금이라도 높은 만큼 테스트 점수도 그렇게 나왔던 것이다. 반면에 세번째 그룹 학생들의 점수는 두번째 그룹보다 월등히 낮았다. 두 그룹에 똑같은 양의 음료를 마시게 했지만, 세번째 그룹 학생들은 자신이 마신 음료가 '값이 싸니 그만큼 질도 나쁠 것'이라고 생각하여 긍정적인 가치를 부여할 수 없었기에 기대치가 가장 낮았던 것이다. 이처럼 그룹 사이의 점수 차이가 컸던 이유는 학생들이 스스로 음료에 귀착시킨 '가치' 때문이었다는 결론에 도달할 수 있었다.

이와 같이 애리얼리의 이 실험에서 사물의 가치에 대한 피실험자의 기대치가 높으면 높은 결과를 얻고, 반대로 사물의 가치에 대한 기대치가 낮으면 낮은 결과를 얻는다는 사실이 확인되었다. 그렇다면 이런 원리를 우리 자신에게도 적용할 수 있지 않을까?

자신에게 스스로 높은 가치를 귀착시켜 기대치를 높이면 그에 걸맞은 사람이 되고, 반면에 기대치를 낮추면 그에 비례하는 사람이 되는 현상을 정의한 심리학 용어가 바로 '자기규정 효과self-definition effect'다. 이는 스스로 '나는 매력적인 사람이다'라고 가치를 규정하면, 마치 자신이 매력적인 사람이 된 듯이 생각하며 행동하게 되고, 그러다보면 실제로 매력적인 사람이 되는 효과를 말한다.

그러나 우리가 자신에 대한 기대치를 높인다 해도 만약 우리 내면에 그 기대치에 부응할 잠재력이 없다면, 그리고 그 잠재력에 대한 확신 없이 스스로 높은 가치를 부여한다면, 그것은 한낱 과대망상에 불과할 것이다.

그렇다면 실제로 우리는 어떤 존재인가? 이 질문에 대해 동서고금의 위대한 작가들은 통찰력 있는 답을 제시하곤 했다. 우선 대문호 셰익스피어의 작품에서 그 답을 찾아보자.

> 인간은 얼마나 걸작인가! 그 이성은 얼마나 고상하고, 그 능력은 얼마나 무한한가. 그 자태와 움직임에 있어서는 얼마나 적절하고 찬탄할 만한가. 그 행동에 있어서는 얼마나 천사와 같고, 그 이해력에 있어서는 얼마나 신과 같은가! 세상의 백미요, 동물의 영장이로다!
>
> —『햄릿』 2막 2장 중에서

그렇다. 인간은 수많은 결점과 약점이 있지만 대단한 존재임은 부정할 수 없다. 이는 인간 우월주의를 주장하는 것이 아니다. 인간은 지느러미도 없이 큰 바다를 건너고, 날개도 없이 무한한 하늘을 날며, 산 짐승보다도 높이 태산에 오르는 위대한 존재다. 이 잠재력이야말로 우리를 비상하게 하는 가장 기본적인 조건인 셈이다. 우리 자신이 최고라고, 대단한 존재라고 의심 없이 믿는 만큼 우리는 그런 존재로 거듭날 수 있다. 이것이 그동안 수많은 학자가 자기규정 효과, 자성예언 효과, 피그말리온 효과, 로젠탈 효과 등 그들 고유의 언어로 정의한 인간 잠재력에 대한 성찰이며, 생각과 마음이 기적을 이룰 수 있다는 확신이다.

온 마음을 다해 최고가 되기를 원한다면 반드시 그렇게 된다는 사실을, 소설가 파울로 코엘료는 『연금술사』에서 이렇게 이야기한다.

> 이 세상에는 위대한 진실이 하나 있어. 무언가를 온 마음을 다해 원한다면, 반드시 그렇게 된다는 거야. 무언가를 바라는 마음은 곧 우주의 마음에서 비롯되었기 때문이지. 그리고 그것을 실현하는 것이 이 땅에서 자네가 맡은 임무라네. (…) 자아의 신화를 이루어내는 것이야말로 이 세상 모든 사람에게 부과된 유일한 의무지. 세상 만물은 모두 한가지라네. 자네가 무언가를 간절히 원할 때 온 우주는 자네의 소망이 실현되도록 도와준다네.

이는 소설에서 살렘의 왕을 자처한 노인이 양치기 소년 산티아고에게 들려준 이야기다. 평범한 양치기 소년이었던 산티아고는 단조로운 일상에 회의를 느끼던 중 때마침 나타난 살렘의 왕이라는 노인에게서 인간의 내적 가치와 같은 자아의 신화에 관한 이야기를 듣는다. 세상에 숨어 있는 위대한 진실이 하나 있다면, 그것은 바로 우리가 무언가를 온 마음을 다해 원하면 반드시 그렇게 이루어진다는 사실이다.

노인의 이야기는 산티아고만이 아니라 우리 모두가 가슴에 새겨야 할 교훈이다. 자신에게 최상의 가치를 부여할 줄 모르는 사람은 한 번도 무언가를 온 마음을 다해 원해본 적이 없는 사람이다. 온 마음으로 원하면 반드시 이루어진다.

생각의 크기가
모든 것을 바꾼다

"모든 일은 좋지도 나쁘지도 않다. 생각이 상황을 만들 뿐이다"라는 셰익스피어의 말처럼 현재 우리의 모습을 결정하는 것도, 미래의 삶을 바꾸는 것도 오롯이 자신이 지금 하고 있는 생각에서 비롯된다. 따라서 우리가 자신의 가치를 스스로 향상하려면 무엇보다도 이전과는 다르게 생각해야 한다. 그러나 오랫동안 해오던 생각을 쉽게 바꿀 수 있을까? 그 생각을 기준으로 모든 것을 평가하고 결정해왔던 습관을 송두리째 쇄신할 수 있을까?

나는 그것이 가능하다고 생각한다. 온종일 운동장에서 뛰어논 아이는 몸이 온통 흙투성이다. 씻기 싫어하는 아이도 그런 상태로 계속 지낼 수는 없다는 사실을 잘 알고 있다. 그럴 때 용기를 내어 찬물에라도 몸을 씻어야 하듯이 때가 낀 우리의 생각에도 샤워가 필요하다는 사실을 우리는 잘 알고 있다.

우리는 살아가면서 다양한 것을 경험하고, 알게 모르게 그 경험의 지배를 받는다. 그 경험을 바탕으로 우리의 사고가 형성되고 고착된다. 나이가 들수록 생각을 바꾸기 어렵고 고집이 세어지는 이유도 오랜 경험으로 형성된 생각이 점점 단단하게 굳어지기 때문이다. 이처럼 과거 삶에 영향을 받은 생각은 대부분 부정적이고 한정적이기에 혁신해야 할 필요가 있다.

생각과 신념의 혁신과 관련하여 미국의 사회학자 로버트 머튼Robert K. Merton은 매우 흥미로운 개념을 제시한다. 바로 '자성예언自成豫言, self-fulfilling prophecy'이라는 것으로, 이는 인간이 스스로 어떤 일이나 사물, 심지어 자신에 대한 기대나 암시를 통해 그 '예언'이 실제로 이루어지고 성취되도록 하는 현상을 말한다. 한마디로, 생각이나 신념이 현실로 이루어진다는 것이다.

토머스가 '나는 지금 받는 연봉의 열 배를 받을 만한 가치가 있는 사람이다'라고 생각하고 또 그렇게 믿자, 그의 생각과 신념은 현실이 되었다. 그것이 바로 토머스에게 자성예언이 되었던 셈이다.

자성예언은 반드시 위대한 꿈이나 목표에만 적용되는 것은 아니다. 예를 들어, 내일 아침에 일찍 일어나야 하는데 자명종이 없다면 자성예언의 힘을 빌릴 수 있다. '나는 내일 새벽 네시에 반드시 일어날 것이다'라고 수없이 되뇌면서 잠자리에 들어보라. 아주 특별한 경우가 아니라면, 새벽 네시에 눈을 뜨게 될 것이다. 심지어 '어? 내가 왜 새벽 네시에 일어났지?' 하고 일단 잠에서 깨었다가 다시 잠들 수도 있다. 그렇다면 자성예언은 어떻게 우리의 행동을 조절하고, 심지어 우리의 미래에까지 영향을 미칠까?

솔직히 우리는 이런 현상을 논리적으로 완벽하게 설명할 수는 없다. '우리는 왜 존재할까?' '우리 삶의 의미는 무엇일까?'라는 질문에 완벽한 정답을 제시할 수 없는 것과 마찬가지다. 하지만 뇌의 활동에 비추어 어느 정도 설명할 수 있다.

우리 뇌의 특성 중 하나는 주어를 잘 구분하지 못한다는 점이다. 그래서 상대방에게 "당신은 천재입니다. 당신은 참 착하군요. 참 훌륭합니다"라고 말할 때 의식적으로는 그 말의 주어가 상대방이라는 사실을 잘 알지만, 주어를 구분하지 못하는 우리의 뇌는 그저 '천재입니다' '착하군요' '참 훌륭합니다'라는 술어만을 인식하고 그에 따라 반응을 보인다. 만약 우리가 상대방에게 "너는 바보다"라고 욕을 한다면 우리의 뇌는 "나는 바보다"라고 말하는 것과 똑같은 반응을 보인다.

뇌가 보여주는 또 하나의 특징은 현실과 상상을 잘 구별하지 못한다는 점이다. 그래서 우리가 무언가를 상상할 때 뇌는 마치 우리가 실제로 그것을 한 것과 똑같은 반응을 보이고, 우리의 몸과 마음에도 그렇게 행동한 것과 똑같은 효과를 내게 한다. 이미 널리 알려진 농구 연습 실험은 이런 현상을 보여주는 구체적인 사례다.

농구 선수들을 세 그룹으로 나누고 그룹마다 서로 다른 과제를 준 다음 20일 후에 그 결과를 살펴보았다. 실험 과제로 첫번째 그룹에는 매일 20분간 자유투를 연습하게 했다. 농구 코트에서 실제로 몸을 움직여 연습하는 것이다. 두번째 그룹에는 자유투 연습은 물론이고 농구 연습 자체를 아예 상상조차 하지 못하게 했다. 그리고 세번째 그룹에는 운동장에서 직접 농구공을 던지며 훈련하지 못하되, 상상 속에서 매일 20분간 자유투를 연습하게 했다.

이렇게 20일이 지난 뒤에 세 그룹은 각각 농구 실력에 어떤 변화가 생겼을까? 먼저 첫번째 그룹은 20일 전과 비교했을 때 자유투 성공률이 24퍼센트 향상되었다. 정상적으로 훈련했으므로 지극히 당연한 결과였다. 두번째 그룹도 정상적인 결과를 보였다. 어떤 연습도 하지 않았으므로 자유투 성공률이 20일 전과 비슷했고 전혀 향상되지 않았다. 그런데 놀랍게도 오로지 상상 속에서만 연습한 세번째 그룹의 자유투 성공률이 20일 전보다 23퍼센트 향상되었다는 결과가 나왔다.

이와 비슷하게 우리 뇌의 놀라운 특성을 보여주는 또 하나의 사례가 있다. '심리적 자동유도'를 의미하는 '사이코 사이버네틱스Psycho-cybernetics'라는 용어를 만든 맥스웰 몰츠Maxwell Maltz 박사의 실험이다. 이 실험은 우리가 뇌를 사용하여 시각화visualization할 때 놀라운 결과를 낳을 수 있다는 사실을 입증했다. 그는 농구 선수들을 두 팀으로 나누어 첫번째 팀은 며칠간 실제로 농구 코트에서 슈팅 연습을 하게 하고, 두번째 팀은 마음속으로 농구 코트에서 슈팅을 하는 자기의 모습을 상상하게 했다. 그렇게 서로 다른 방법으로 연습하게 하고 나서 일정 기간이 지난 후 두 팀의 슛 성공률을 측정했다. 그런데 놀랍게도 농구 코트에서 실제로 땀을 흘리며 연습한 첫번째 팀보다 오히려 상상으로만 훈련한 두 번째 팀의 성공률이 훨씬 높았다. 이 실험 역시 생각이 얼마나 놀라운 효과를 낼 수 있는지를 보여주는 사례다.

이런 실험들을 통해 우리는 생각이나 상상, 신념, 믿음에 우리가 알고 있는 것보다 훨씬 더 강력하고 놀라운 힘이 숨어 있다는 것을 확인할 수 있다. 우리의 미래를 바꾸는 것은 재능이나 학식이 아니라 생각과 신념이다. 이런 사실을 설득력 있게 말해주는 시 한 편이 있다.

> 패배한다고 생각하면
> 당신은 패배한다.
>
> 용기가 없어 도저히 할 수 없다고 생각하면,
> 당신은 절대 하지 못할 것이다.
>
> 성공하고 싶지만 성공할 수 없다고 생각하면,
> 당신은 성공하지 못할 것이다.
>
> 실패하리라고 생각한다면,
> 당신은 이미 실패한 것이다.
>
> 이 세상의 성공은 사람의 의지에서 비롯되며

온전히 사람의 생각 속에 있기 때문이다.
자신이 뛰어나다고 생각하면
뛰어나게 될 것이다.

높이 오르려면 높이 생각해야 하듯,
성공을 거머쥐려면 먼저 자신을 믿어야 한다.

'삶'이라는 전투에서 승리는 언제나
더 강하거나 더 빠른 사람에게 주어지지 않는다.

최후의 승리자는 반드시
승리할 수 있다고 생각하는 사람임이 틀림없다.

—월터 D. 윈틀Walter D. Wintle, 「할 수 있다고 생각하는 사람」

이 시가 말하듯이 '승리할 수 있다'고 확신하는 사람이 반드시 최후의 승리자가 된다는 사실에 주목해야 한다. 더 강하거나 더 빠르다고 해서 승자가 되는 것은 아니다. 다시 말해, 재능이나 학식은 큰 차이를 만들어내지 않는다. 성공을 위한 가장 우선적이고 중요한 방법은 우리가 스스로 성공할 수 있다고 생각하는 것이다.

소가 수레를 끌듯이 생각이 우리 삶을 이끌어간다. 어떤 생각을 할 것인지 우리 스스로 결정해야 한다. 지금까지 어떤 위대한 생각도 해 본 적이 없다면, 이제부터 누구보다도 위대한 생각을 하라. 위대한 생각 을 하는 것만으로 그것을 행동에 옮길 수 있다는 사실을 발견하고 놀라 게 될 것이다.

미국 역사상 가장 영향력 있는 강사 중 한 사람인 짐 론Jim Rohn은 『내 영혼을 담은 인생의 사계절』에서 우리가 만나고 접촉한 모든 것과 우리의 모든 생각이 우리 자신을 형성하는 데 결정적인 영향을 준다는 사실을 매력적인 필치로 전한다. 그는 우리가 가난하든 부유하든, 젊든 늙었든, 교육을 받았든 그렇지 못하든, 현재 우리의 모습은 우리가 태어 나 지금까지 만나고 겪었던 모든 사람과 모든 사건의 결과라고 말한다. 그는 심지어 우리가 매일 보는 텔레비전과 신문은 말할 것도 없고, 간혹 보게 되는 영화나 잡지도 우리에게 영향을 미친다고 말한다. 그리고 그 는 우리가 경험하는 사랑과 실연, 성공과 실패도 지금의 우리를 형성하 는 데 이바지하고, 우리가 품는 꿈과 이상, 그리고 가치관도 우리를 만 들어간다고 말한다.

그러나 사회적 환경을 우리가 쉽게 바꿀 수는 없다. 집 안은 청소 해서 깨끗한 환경을 만들 수 있지만, 하루의 대부분 시간을 보내는 가정 밖의 사회적 환경은 혼자 힘으로 바꿀 수 없다. 특히 우리에게 부정적 인 영향을 줄 수도 있는 사람들의 언행에 무방비로 노출되어 있다. 이러 한 상태를 예방하고, 어떠한 공격도 이겨내고, 부정적인 영향을 받지 않 으려면 스스로 반드시 해야 하는 일이 있다. 그것은 바로 자신의 생각과 신념을 확고하게 다져놓는 일이다. 몇 차례 결과로 자신을 속단해서는 안 된다. 수십 번, 수백 번 실패해도 결국 이루어낼 수 있다는 생각과 신념을 지녀야 한다.

모든 것은
스케일에서 비롯된다

모든 것은 생각에서 비롯된다. 가난한 생각이 평생 우리를 가난하게 만들고, 부유한 생각이 평생 우리를 부유하게 한다. 모든 것이 생각에 달렸다는 사실을 과학적으로 잘 설명해주는 사례가 있다. 바로 『시크릿』의 핵심 저자 가운데 한 사람인 존 아사라프John Assaraf가 머레이 스미스Murray Smith와 함께 집필하여 출간한 『해답』에 소개된 일화다.

고든은 새로 산 배에 친구들을 태우고 바다로 나가 서쪽으로 약 1.6킬로미터 떨어진 지점에 배를 세우고 낚시를 시작했다. 몇 시간 동안이나 고기가 잡히기를 기다렸지만 입질조차 없었다. 그래서 친구들은 자리를 옮기는 편이 낫겠다고 생각하여 고든에게 남쪽으로 가자고 제안했다. 그는 친구들의 제안에 흔쾌히 뱃머리를 90도 돌려 남쪽으로 향했다. 그리고 친구들과 다시 낚시를 시작했다.

그렇게 한두 시간 동안 낚싯대를 드리우고 있었지만 고기는 여전히 잡히지 않았다. 이상하게 생각한 친구 중 한 명이 하늘을 바라보더니 이렇게 말했다.

"고든! 우리는 아직도 서쪽에 있는 것 같아!"

고든이 확인해보니 그 말은 사실이었다. 배를 제대로 운전하지 못했다는 사실이 부끄러웠던 고든은 서둘러 조타실로 돌아가 뱃머리를 90도를 지나 135도까지 돌려 남동쪽으로 배를 몰고 갔다. 그리고 다시 친구들이 있는 곳으로 돌아갔다. 그렇게 한두 시간 더 낚싯대를 드리우고 있었지만 고기는 여전히 잡히지 않았다.

이번에도 친구들은 이상하다고 생각하여 하늘을 올려다보았다. 그리고 그들은 여전히 남쪽에 있다는 사실을 깨달았다. 어찌 된 일일까? 분명 배가 이동했는데, 있던 자리에서 전혀 움직이지 않았다는 말일까? 고든은 이 믿기지 않는 상황에 한편으로 당황하기도 하고 다른 한편으로는 화가 나기도 했다. 그는 황급히 조타실로 들어가 뱃머리를 180도 돌려 항구로 향했다. 그런데 15분이 지났는데도 배는 여전히 서쪽을 향하고 있었다. 고든은 폭발하기 직전이었다. 그런데 친구 한 명이 이렇게 말했다.

"이봐, 고든, 혹시 자동항법 장치가 작동하는 것 아닌가?"

고든은 이 말을 듣고 뒤통수를 얻어맞은 기분이 들었다.

무슨 말을 해야 할지 몰랐다. 솔직히 그는 자기 배에 그런 장치가 있는지도 몰랐다. 물론 자기 배를 자동항법 장치가 조종하고 있다는 사실도 까맣게 몰랐다.

우리 삶에서도 이런 상황을 흔히 만날 수 있다. 우리의 무의식이 마치 자동항법 장치처럼 작동하여 우리를 어떤 유형의 행동과 판단으로 이끌어가기 때문이다. 그래서 고든이 경험한 것 같은 어처구니없는 실수가 우리 삶에서도 비일비재하게 일어난다.

인간관계에서 여러 차례 실패하거나 사업에서 고배를 마시면 우리는 심하게 자책하면서 의지가 박약하고 실행력이 부족했던 자신에게 화를 내고 스스로 구제 불능이라며 좌절하기도 한다. 하지만 우리는 고든과 마찬가지로, 우리에게 자동항법 장치가 작용해 그것이 우리를 실패로 인도했다는 사실을 모른다. 우리의 행동과 판단을 조종하는 자동항법 장치를 『해답』의 저자들은 '사이코 사이버네틱 메커니즘'이라고 부른다.

이처럼 우리는 내면에 있는 심리적·정신적 자동항법 장치에 설정된 대로 이끌려 살아간다. 그런데 그 장치는 누가 언제 어떻게 설정하는 것일까? 살아가면서 여러 가지 경험을 통해 자신도 모르는 사이에 형성된 생각이 자동항법 장치를 끊임없이 반복적으로 설정하기에 우리의 미래는 일정한 방향으로 고착되어버린다. 그런데 문제는 그 설정이 대부분 가난과 실패 등 부정적인 가치를 향한다는 점이다. 그래서 흔히 겪는 작은 실패, 작은 어려움에도 '그러면 그렇지, 내가 하는 일이 다 그렇지 뭐!'라는 식으로 자조적인 태도를 취한다. 자신도 모르는 사이에 이미 오래전부터 인생의 자동항법 장치를 그렇게 부정적으로 설정해왔기 때문이다.

마치 자기 인생의 항로가 '가난과 실패'라는 목적지를 향해 설정되어, 그것을 향해 나아가고 있다는 사실을 은연중에 알고 있다는 듯이 이렇게 말하는 것이다.

"내 주제에 뭐 뾰족한 수가 있겠어? 내 인생은 가난과 실패를 목적지로 설정되어 있거든. 나는 여기서 절대로 벗어날 수 없어. 그러니 '부와 성공'이라는 목적지로 가는 일은 절대 없을 거야! 왜냐하면 내 인생의 자동항법 장치란 놈은 힘이 무척 세거든! 그래서 일단 목적지를 설정했으면 그것이 무엇이든, 어떤 곳이든, 내가 아무리 발버둥쳐도 반드시 그리로 가게 되어 있어. 아무리 희망적인 이야기를 지껄여도 나는 그것이 헛소리라는 걸 잘 알고 있어. 내 이름은 무의식이야!"

그렇다면 가난과 실패로 향하는 우리 인생의 자동항법 장치를 부와 성공으로 향하게 하는 방법은 무엇일까? 그 최상의 방법은 바로 생각의 설정을 바꾸는 것이다.

우리 인생의 자동항법 장치를 가난과 실패로 설정하는 가장 쉬운 방법은 가난과 실패를 자꾸 생각하고 그것에 집착하는 것이다. 그와 마찬가지로 부와 성공을 목적지로 설정하는 가장 쉬운 방법은 부와 성공을 끊임없이 생각하고, 그런 생각으로 마음을 가득 채우는 것이다.

생각의 질이 바로 인생의 질이며, 생각의 크기가 바로 인생의 크기다. 치졸하고 작은 생각은 치졸하고 작은 인생을 만들고, 크고 위대한 생각은 크고 위대한 인생을 이룬다. 지금 이 순간에도 실패만 거듭하고 있다면, 무엇보다도 성공만을 생각하며 성공으로 생각을 채워야 한다. 실패로 점철된 인생에서 벗어나는 길은 실패하는 사고방식에서 벗어나 성공하는 사고방식으로 전환하고 생각을 완전히 혁신하는 것 외에는 다른 방법이 없다.

그리고 실패의 가장 큰 원인은 바로 자신에게 있다는 사실을 가장 먼저 인정해야 한다. 하지만 사람들은 실패의 원인을 불우한 환경이나 불행한 처지에서 찾는다. 심지어 주위 사람들에게 그 실패의 책임을 돌리기도 한다. 그러나 우리가 겪는 실패, 우리가 처한 불행의 가장 근본적인 원인은 바로 우리 자신이라는 사실을 반드시 명심해야 한다.

우리가 무언가를 생각하면 그 생각은 마치 잔잔한 호수에 돌멩이를 던진 것처럼 큰 파문을 일으키며 퍼져나간다. 전 세계인의 삶을 바꾸는 기술 혁신도, 달에 착륙한 우주선 제작도, 거대한 다국적 기업도 하나의 생각에서 비롯되었다. 생각은 마법처럼 신비롭고 강력하고 엄청난 위력이 있다. 중국에 있는 나비 한 마리의 날갯짓이 지구 반대편에서는 폭풍을 일으킬 수도 있다는 나비 효과처럼, 우리의 생각은 인생을 온통 바꾸어놓는 큰 결과를 낳을 수 있다.

이것을 다른 말로 하면 '인과율의 법칙'이다. 이 법칙의 핵심은 우리 인생에서 발생하는 모든 일, 즉 성공과 실패, 부와 가난, 행복과 불행의 원인은 바로 자신의 생각에 있다는 것이다. 이 법칙을 통해 우리가 깨닫는 소중한 진리는, 우리의 생각이 과거 어떤 것의 결과라기보다는 미래 어떤 것의 원인이 된다는 사실이다. 즉 오늘 우리의 생각이 내일 우리 삶의 원인이 된다. 따라서 성공하고 싶다면, 오늘 성공의 씨앗, 성공의 원인이 되는 생각을 하고 자동항법 장치를 그렇게 설정하여 미래로 나아가야 한다.

『석세스Success』지를 창간한 사람으로 미국 근대 성공철학의 선구자라고 불리는 오리슨 스웨트 마든Orison S. Marden은 우리나라에도 잘 알려진 나폴레온 힐, 데일 카네기, 노먼 빈센트 필, 스티븐 코비, 브라이언 트레이시 등 여러 베스트셀러 작가들에게 영감을 주었다. 그는 자신의 책『부의 지혜』에서 가난을 '질병이자 습관'으로 규정하고, 부를 원한다면 늘 부를 염두에 두고 생각하고 말하고 행동해야 한다고 주장한다. 다시 말해, 가난 자체보다도 더 심각한 것은 가난한 생각이라는 것이다. 그는 한마디로 가난한 생각, 즉 자신은 가난하고 앞으로도 그럴 것이라는 위축된 생각이야말로 인생을 좀먹는 독이라고 말한다. 인생을 큰 스케일로 바라보지 못하고, 인생의 한 시점인 현재의 비참하고 가난한 처지에만 자꾸 눈이 가고 익숙해져 가난에서 벗어나려는 굳은 의지를 잃는 것이 삶을 망치는 가장 큰 해악이라는 것이다. 결국 가난에 길든 생각, 가난으로 설정된 자동항법 장치가 궁극적으로 가난한 사람을 파멸에 이르게 한다고 주장한다.

내게는 어린 시절에 함께 자라 지금도 친하게 지내는 고향 친구가 있다. 이 친구는 내가 태어난 집에서 3분도 채 안 되는 곳에 살았으며 초등학교, 중학교, 고등학교에 함께 다녔다. 대학은 다른 곳을 다녔지만 졸업하고 나서 같은 회사에 다녔다. 한마디로 평생 친구다.

우리 둘 모두 가난한 산동네에서 태어나 자랐기에 근검절약이 몸에 배어 있다. 때로는 도가 지나쳐 인색한 구석도 있었다. 그런데 내가 평범한 회사원으로 일하던 시절에 그 친구는 회사를 그만두었고, 그러고 얼마 후에 갑자기 엄청난 부자가 되었다. 나는 그가 어떻게 그런 갑부가 되었는지 무척 궁금해 친구를 찾아갔다. 그는 자신의 경험담을 진솔하게 들려주었다.

그 친구는 대학을 졸업하고 서울에 와서 취직한 이후로는 대충 만족하며 회사 생활을 계속했다. 그런데 어느 날 문득 이런 생각이 들었다고 한다.

'내가 열심히 일한다고 해서 인생에서 큰 성공을 거둘 수 있을까? 남 좋은 일만 하면서 평생 월급쟁이나 하다가 언젠가 떨려나는 것은 아닐까? 이렇게 돈을 벌어서 언제 집을 사고 결혼도 하고, 인생을 즐기며 살 수 있을까?'

이런 생각이 머리를 스치는 순간 정신이 번쩍 들어 그때부터 부자가 될 수 있다면 무엇이든 하겠다고 결심하고, 부자가 되는 방법에 대해 심각하게 고민하기 시작했다. 결국 그는 현재의 사고방식과 삶의 자세로는 절대로 부자가 될 수 없다는 너무도 당연한 사실을 깨달았다.

그때까지 그는 조금이라도 아끼고 저축하고, 한 푼이라도 더 벌려고 안간힘을 쓰면서 식사할 때에도 가장 값싼 것을 찾아 먹고, 모처럼 휴가를 얻어도 지출 없이 집에서 시간을 보내고, 밖에서 사람들을 만나도 인색하게 굴었다. 그리고 돈을 절약해야 했기에 유익한 강의나 세미나, 워크숍 등에 참가하여 자신의 미래에 투자하는 일 따위는 엄두도 내지 못했다.

그러나 크게 각성한 이후로는 그런 삶의 방식을 완전히 뜯어고쳤다. 그 친구는 부자처럼 생각하고, 부자처럼 행동하고, 부자처럼 말하면서 살기 시작했다. 비싼 호텔과 비싼 식당에서 식사하고, 일부러 휴가를 내서 외국 여행을 다녀오고, 사람을 사귈 때 돈을 쓰는 것도 아끼지 않았다. 그리고 자신에게 유익한 강의나 세미나가 있으면 주저 없이 돈을 투자했다. 그렇게 몇 년을 살다보니, 이전과는 전혀 다른 직종에서 일하면서 경제적으로도 남부럽지 않은 부자가 되어 있었다.

그 친구의 말을 들으면서 나는 뒤통수를 세게 얻어맞은 듯한 충격을 받았다. 그 친구가 자신의 인생을 큰 스케일에서 바라보고 자신의 자동항법 장치의 방향을 부와 풍요로 설정하고 항로를 조정하는 동안, 나는 여전히 예전의 그 친구가 품었던 사고방식으로 살아가고 있다는 것을 깨달았기 때문이다. 그때 나는 비로소 내가 여전히 가난하고 성공하지 못하는 이유가 나의 사고방식에 있음을 알았다. 그것은 아주 통렬한 자각이었다. 예전에 그 친구는 언제나 가난을 이야기하고, 가난을 예상하고, 가난을 두려워하고, 가난을 확신하며 살아가는 듯했지만, 이제 그는 성공을 이야기하고, 성공을 상상하고, 성공을 예상하고, 성공을 믿고, 성공에 대비하고 있었다. 그리고 가장 중요한 사실은, 그가 이전에는 가난했지만 지금은 부자라는 점이었다.

2장

스케일이 큰 사람이
고수가 된다

"'할 수 없다'고 생각하면 이룰 수 없다."

—

캐롤 바츠

스케일이 커야
자신의 천재성을 발견할 수 있다

나는 오랫동안 내가 아닌 다른 사람으로 살아왔다. 내가 만든 자리가 아니라 회사의 거대한 조직이 만들어놓은 자리에 내가 잠시 앉아 있었을 뿐이다. '나'는 사라지고, 회사에서 제공하는 직책과 직위, 그리고 연봉이 바로 내가 되어버렸다. 그렇게 회사에 소속된 삶에 적응할수록 나는 나를 잃어버렸다.

그렇게 나는 10년 넘게 내 인생이 아니라 명함 인생을 살았다. 그 인생은 대기업 조직을 등에 업고 거드름을 피우는 허깨비 같은 인생이었다. 호가호위狐假虎威라고 할까? 여우를 보고 숲속의 동물들이 달아나자, 여우는 동물들이 자기가 무서워 달아났다고 착각한다. 그러나 사실 동물들은 여우 뒤에 있던 호랑이가 무서웠던 것이다. 나는 여우였고, 내가 다니던 대기업은 호랑이였다. 나는 호랑이의 위세를 빌려 호기를 부리며 살아가고 있었다.

　이런 삶의 가장 큰 문제는, 진정한 자신을 잃어버리고 껍데기 삶을 살게 된다는 것이다. 물론 대기업에 다닐 때에는 경제적으로 안정되고 대접도 받았다. 여우가 호랑이의 삶을 누렸기 때문이다. 하지만 그것은 자기 것이 아니다. 내가 주인이 되지 못하는 호가호위의 삶을 계속하거나 끝내는 것을 내가 결정할 수 없었고, 더욱 큰 문제는 자기 인생의 참다운 가치와 의미를 찾으며 살아갈 시간을 점점 잃어가고 있다는 사실이었다. 누구도 시간을 돌이킬 수는 없다. 세월이 흐르고 나서 돌아보니, 내 인생의 '화양연화花樣年華'인 줄 알았던 그 호가호위 시절에 나는 실제로는 허송세월을 하며 인생을 망치고 있었던 것이다.

　어떻게 보면 우리는 알게 모르게 세상에서 통용되는 가치관의 영향을 받고, 그것에 동화되고, 심지어 세뇌당하며 살아가는지도 모른다. 우리에게는 각자 자기만의 천재성이 있지만, 살아갈수록 그것을 직간접적으로 부정하는 세상 사람들의 무분별한 의견을 확신하게 된다. 그래서 세상이 그것을 원했든 아니든 간에 우리는 자신이 아무것도 내세울 것이 없는, 그저 '평범'한 사람이라는 것을 너무도 확고하게 믿게 된다. 그리고 무의식중에 인정해버린, 자신의 역량을 넘어선다고 생각하는 것은 아예 시도조차 하지 않으려 든다. 왜냐하면 마음속에서 이미 천재성을 상실했기 때문이다.

우리는 자신이 천재가 아니라고 지금까지 세뇌당한 것이 분명하다. 적당한 수준에서 일하고, 적당한 수준만큼 돈을 벌고, 꼭 해야 할 일만 한다. 우리가 이렇게 세뇌당한 것은 우리가 동의했기 때문이다.

『린치핀』에서 저자 세스 고딘Seth Godin이 말했듯이, 우리는 알게 모르게 세상에 세뇌당한 채 살아가는 것이 분명하다.

어린아이였을 때 우리는 모두 천재였다. 우리에게 세상은 끝없는 호기심의 대상이었고, 하나를 보면 열을 깨쳤다. 하지만 이제는 그 반대가 되었다. 우리는 스스로 자신이 천재가 아니며, 해보지 않은 일은 절대 할 수 없다고 생각한다. 자신을 잃어버리고 남이 정해준 대로 자기 것이 아닌 평범한 삶을 살아간다.

세상은 우리 귀에 대고 끊임없이 속삭인다. 이런 세상에서는 아무리 노력해봐야 절대 성공할 수 없다고, 네가 더 잘 알지 않느냐고. 그저 적당히 일하고, 적당히 돈을 벌고, 적당히 포기하는 게 상책이라고……. 그래서 우리는 큰 노력을 기울이지 않고, 큰 도전에 나서지도 않는다. 그리고 무엇보다도 큰 꿈을 꾸지 않는다. 그저 남들처럼 그나마 안정적인 직장에 다니며 일용할 양식을 구할 수 있음에 감사하고, 거기에 매여 사는 것을 최선의 선택으로 생각한다. 하지만 세스 고딘은 말한다.

안정은 실패의 또다른 이름이다.

이 말은 내 심장을 꿰뚫었다. 나는 전율했다. 그 말대로였다. 안정은 나를 망쳤고, 호가호위와 같은 빈껍데기 인생을 살게 한 주범이었다. 안정은 나로 하여금 남들처럼 적당히 대학을 졸업하고 취업을 하고 매달 월급날을 기다리며 적당히 살아가는 것이 최선이라고 스스로 설득하게 한 원흉이었다.

하지만 위대한 승자들은 절대 '적당히' 살지 않는다. 너무 뜨거워 손을 델 만큼 하루하루를 뜨겁게 살아간다. 그들은 결코 안정을 추구하지 않는다. 안랩의 창업자 안철수도 어느 인터뷰에서 "세상에 안정이란 없다. 매 순간이 위기다. 사업은 바로 이 위기를 항시적으로 관리하여 더 나은 결과를 향해 나아가는 활동이다"라고 말한 바 있다. 그들은 미지의 미래에 대한 두려움도, 과거의 실패에 대한 후회도 없이 늘 새로운 일에 담대하게 도전하며 살아간다. 그렇게 매 순간 자신을 천 길 낭떠러지 벼랑 위에 세우며 스스로 성장한다. 그렇기에 결코 자신의 일을 '적당히' 하지 않는다. 그럴 일이라면 아예 시작조차 하지 않는다. 그들의 사전에는 대충대충, 흐지부지, 미적지근 따위의 어휘는 존재하지 않는다. 그래서 그들은 남들이 상상조차 하지 못하는 일들을 해낸다. 그렇게 최고의 인생을 사는 것이 바로 자신의 길을 발견하고, 자기가 주인이 된 삶을 살아가는 사람들의 보람이며 보상이다. 그들이 그런 삶을 살아갈 수 있는 원동력은 바로 자신의 고유한 천재성에 대한 확고한 믿음이다.

미국의 시인 겸 소설가인 에드워드 커밍스Edward Cummings는 이렇게 말했다.

우리를 모두 똑같이 만들려고 밤낮으로 전력을 다하는 세
상에 맞서 다른 누군가가 아닌 나 자신이 되기 위해서는
가장 힘든 전쟁에서 끊임없는 전투를 치러야 한다.

우리는 타인과 똑같은 삶을 살지 않기 위해, 가장 힘든 전쟁에서 끊임없이 전투를 치러야 한다. 그리고 그 끊임없는 전투는 이 세상에서 유일무이한 존재인 '나'를 되찾는 일이다. 다른 누구도 아닌 나 자신이 되고, 나만의 가치와 나만의 천재성을 찾아 그것을 극대화하는 일이다.

『나를 믿는 긍정의 힘 자신감』의 저자 로버트 앤서니Robert Anthony는 성공하려는 사람에게 가장 중요한 것은 '할 수 없다'라는 잘못된 믿음에서 벗어나는 일이라고 말한다.

당신은 생각보다 강하다. 당신이 진정한 자아를 얼마나 받
아들이느냐에 따라 당신의 삶도 변화할 것이다.

우리는 스스로 생각하는 것보다 훨씬 강하고 훨씬 능력 있는 존재라는 사실을 깨달아야 한다. 거기서 비로소 큰 삶을 향한 첫걸음이 시작된다. 학습된 무기력에서 벗어나 자신감을 되찾아야 한다. 결국 우리가 자신을 어떻게 생각하느냐에 따라 우리 존재 자체가 결정된다.

스케일이 커야
생각도 강해진다

그런 점에서 양자물리학에서 말하는 '관찰자 효과observer effect'는 놀라운 근거를 제시한다. 학교에서 물리 시간에 배웠듯이 세상의 모든 사물은 분자로 이루어져 있고, 분자는 더 작은 원자로 이루어져 있다. 그리고 원자는 더 작은 단위의 미립자로 나뉘며, 미립자를 다시 나누고 나누면 결국 고정된 형태가 없는 음과 양의 순수 에너지만 남는다. 현대 물리학에서는 이를 '양자'라 부르고, 이 단계에서 물질과 에너지가 상호 호환한다. 다시 말해 양자는 물질적 형태의 잠재 에너지와 같다.

1998년 이스라엘의 와이즈만 과학원Weizmann Institute of Science에서는 '이중 슬릿double slit 실험'을 시도했다. 이는 빛의 파동성과 입자성을 구분하는 실험이다. 빛을 이중 슬릿 장치에 통과시키면, 그것이 입자냐 파동이냐에 따라 결과의 값이 달라진다. 이 실험을 최초로 시도한 사람은 19세기 초의 물리학자 토머스 영Thomas Young이고, 이 실험을 통해 17세기에 뉴턴이 주장한 빛의 입자설이 반증된 바 있다. 그런데 와이즈만 과학원의 실험에서는, 실험자가 바라보고 있으면 미립자가 슬릿을 통과하면서 뒷면에 입자의 자국을 남기고, 아무도 보지 않으면 파동의 자국을 남긴다는 사실을 증명했다. 다시 말해 실험자가 미립자를 바라볼 때 그것을 '입자'라고 생각하면 미립자는 그의 생각을 읽고 입자의 형태를 띠었고, '파동'이라고 생각하면 파동의 형태를 보여주었다는 것이다. 이것이 바로 '관찰자 효과'다.

이는 우주의 가장 핵심적인 원리다. 세계는 우리와 무관하게 독립적으로 존재하는 것이 아니라, 우리가 어떻게 인식하고 바라보느냐에 따라 유동적으로 변한다. 사람들이 어떤 생각으로 바라보는지를 정확하게 파악한 미립자들이 그에 맞춰 변화하기 때문이다. 달리 말하면, 우리의 태도가 세상을 새롭게 창조할 수 있다는 것이다.

미립자로 구성된 세상의 모든 사물에는 저마다 특유의 지능이 있다. 단지 얼마나 많은 미립자가 어떤 방식으로 모여 어떤 물질을 이루느냐에 따라 그 지능의 특성이 각기 달라질 뿐이다. 그렇다면 미립자로 구성된 이 세상을 '관찰자 효과'에 따라 내가 원하는 대로, 내가 생각하는 대로 언제든지 바꿀 수 있다는 것인가? 그러나 불행하게도 그런 일은 흔하게 일어나지 않는다. 우리는 그 무한한 가능성을 이해하지 못하고 고정관념에 사로잡힌 채 살아가기 때문이다.

더욱이 우리가 주목해야 할 사실은, 우리 몸을 구성하는 본질 역시 미립자라는 사실이다. 다시 말해 우리는 자신에 대해 관찰자의 위치에 있는 셈이다. 자신을 천재라고 생각하고 바라보면 스스로 천재처럼 생각하고 행동하게 된다. 그와 반대로 자신을 어리석다고 생각하면 실제로 어리석은 인간으로 변한다. 가령 학생을 '학자'라고 부르면 그의 성적이 올라가고, 운전기사에게 '마스터'라고 호칭만 바꾸어도 교통사고율이 눈에 띄게 줄어든 사례가 있다. 암 환자에게 병세를 숨기고 '가벼운 병'이라고 말해주었더니 실제로 암이 사라졌다든가, 치명적인 병에 걸려 병원에서 치료를 포기한 시한부 환자에게 기적의 치료제가 발명되었다고 하면서 가짜 약(플라세보placebo)을 복용하게 했더니 회복된 사례 등은 우리가 자신을 어떻게 생각하고 어떻게 바라보느냐가 얼마나 중요한지를 일깨워준다.

우리는 자주 바라보는 이미지대로 변해간다. 불확정성의 원리를 제시한 양자물리학자 하이젠베르크도 미립자들이 인간에게 필요한 모든 것을 창조할 가능성을 담고 있기에 '무한한 가능성의 입자들'이라고 불렀다. '아! 나는 여러 가지로 너무 모자란 인간이어서 아무것도 해낼 수 없어'라고 생각하면 실제로 그런 인간이 되어버린다. 그러나 '나는 천재야, 나는 최고야, 나는 마음만 먹으면 뭐든 해낼 능력이 있어'라고 진심으로 생각한다면 실제로 그렇게 될 것이다.

누군가의 한마디가 아이의 평생을 좌우할 수 있는 것도 바로 이런 까닭이다. "너는 정말 똑똑한 아이구나, 너는 나중에 반드시 훌륭한 사람이 될 거야"라고 했을 때 그 아이가 훌륭한 인물이 될 확률은 매우 높다. 아이는 자신을 그렇게 바라보는 누군가의 기대감을 의식하고, 스스로 자신을 그렇게 생각하게 될 것이기 때문이다.

따지고 보면 우리 삶을 제약하는 것은 환경이 아니라 생각이다. 생각하기에 따라 세상은 흥미진진한 모험의 현장이 될 수도 있고, 무미건조한 일상의 감옥이 될 수도 있다. 우리가 어떻게 생각하느냐에 따라 세상은 친구가 될 수도 있고, 조력자가 될 수도 있고, 훌륭한 스승이 될 수도 있다. 혹은 그와 반대로 우리의 적이 될 수도 있고, 우리를 파멸시키는 덫이 될 수도 있다. 세상은 생각을 그대로 반사하는 거울에 불과하다.

좋은 일이 생기면 세상은 아름답고 살 만한 곳처럼 보이고, 나쁜 일이 생기면 위험하고 무서운 곳으로 여겨진다. 그것은 바로 우리에게 일어난 사건 때문에 궁극적으로 우리 생각이 변하기 때문이다.

마음속으로 늘 성공을 빌면 결국 성공하고, 마음속으로 늘 실패를 걱정하면 그 두려움이 그대로 실현되었던 경험이 누구에게나 있을 것이다. 중요한 사업을 기획하여 진행하는 사람이 다음날 여러 임직원 앞에서 중요한 프레젠테이션을 해야 할 때 실수를 저지를까봐 마음을 졸이면 영락없이 실수를 저지르고, 중요한 경기를 앞둔 선수가 상대에게 지는 상황을 상상하면 십중팔구 경기에서 지게 된다. 모든 것의 원인은 우리의 생각이고, 세상은 그것의 결과일 뿐이다.

요즘 이런 현상에 주목하여 제시한 '끌어당김의 법칙'에 관한 성찰이 대중적인 인기를 끌고 있는데, 이런 이론 역시 철저하게 '세상은 우리 생각을 반사하는 거울에 불과하다'는 가정에 바탕을 두고 탄생했다.

『생각의 혁명』을 쓴 로저 본 외흐Roger von Oech는 우리가 자신을 어떻게 생각하느냐에 따라 삶을 근본적으로 바꿀 수 있다고 주장한다. 특히 그는 창조적인 사람들이 하나같이 자신을 '창조적'으로 생각했다는 사실에 주목했다. 우리가 자신을 '창조적'이라고 규정하면 그런 생각의 파동이 에너지를 발산한다. 세상은 그 에너지의 파동을 받으면 그에 상응하는 에너지로 파동을 일으키며 반응한다. 단순화해서 말하자면, 그렇게 우리가 생각하는 것이 세상에서 현실로 이루어지는 것이다.

우리가 성공을 생각하면 세상은 우리에게 성공한 인생을 돌려준다. 우리가 실패를 생각하면 세상은 우리에게 실패한 인생을 돌려준다. 우리가 정의를 생각하면 세상은 우리에게 정의로운 사회를 돌려주고, 우리가 악과 부패를 생각하면 세상은 우리에게 악하고 부패한 사회를 돌려준다. 그렇게 세상은 우리의 생각을 반사하는 거울과 같다.

환경이 변하면 생각도 변할 수 있다. 하지만 그것은 근본적인 변화가 아니다. 환경이 좌지우지하는 삶에서 인간은 주인이 아니라 노예다. 참된 삶은 스스로 환경을 통제하고 창조해나가는 삶이다. 그리고 무엇보다도 환경은 우리 생각의 씨앗이 발아하여 형성된 결과라는 사실을 잊지 말아야 한다.

타인과 과거는 우리 힘으로 바꿀 수 없다. 하지만 자기 자신과 미래를 바꾸는 일은 스스로에게 달렸다. 더욱이 우리 인생과 우리가 살아가는 환경은 분명 우리 자신이 주도하여 바꿀 수 있다. 데일 카네기는 생각이 우리 삶을 지배하기 때문에 우리가 가장 조심해야 할 것은 가난이나 질병이 아니라 바로 우리의 생각이라고 했다. 또한 셰익스피어도 세상에는 행운이나 불운이 따로 없으며 다만 생각하기에 달렸다고 했다. 이는 단지 낙천적으로 생각하고 마음 편히 살라는 무기력한 조언이 아니라, 생각의 본질과 기능을 규정하는 언어들이다. 내가 무척 존경하는 인물인 로버트 슐러Robert Schuller 목사 역시 이런 말을 남겼다.

당신이 온종일 생각하는 것이 곧 당신이다.

새로운 삶, 큰 삶은 바로 새로운 생각, 큰 생각이다. 그것 자체가 성공한 삶이다. 우리 자신, 우리 인생이 곧 우리 생각이다. 마음을 바꾸면 생각이 달라지고, 우리 자신이 새롭게 태어나며 인생이 변한다.

인간은 통상 하루에 6~8만 가지 생각을 하며 살아간다. 그런데 그런 생각들은 대부분 어제 했던 생각의 반복이기에 어제의 삶과 다를 바 없는 오늘을 살게 되고, 내일 역시 오늘의 생각을 반복할 뿐이다. 소가 달구지를 끌듯 생각이 삶을 이끌어간다. 그렇기에 생각의 수준이 삶의 수준을 결정하는 것이다. 부와 행복과 성공은 생각에서 창조된다. 우리에게 가장 중요한 것은 모두 눈에 보이지 않는 것에서 비롯된다. 충성과 용기, 정의와 관용, 자비와 사랑처럼 이전 사회를 지탱하던 오래된 가치들이 오늘날 세상에서는 사라져가고 있으며, 무엇이든 돈으로 살 수 있다. 그러나 예를 들어 충성과 사랑을 돈으로 살 수 있다 해도, 그 사랑을 보이지 않게 움직이는 생각을 돈으로 살 수는 없다.

우리가 스케일이 큰 삶을 살아야 하는 이유는, 그것이 단지 우리에게 주어진 선택일 뿐 아니라 사명이기 때문이다. 자유의지가 있는 인간은 어떤 인생이든 원하는 대로 선택할 수 있다. 선택의 자유를 손에 쥐고도 스케일이 작은 삶의 노예가 되는 것은 인간으로서의 직무태만이며, 아예 아무것도 선택하지 않는 것은 최악의 선택이다. 그 선택을 결정하는 것이 바로 우리 생각의 힘이다.

스케일이 커야
긍정적으로 생각할 수 있다

질병은 영어로 'disease'다. 어원을 살펴보면 'dis'는 형용사나 명사, 동사 앞에 붙어 '결핍' '부정' '반대'를 의미하는 접두사다. 명사 'ease'는 '편안함' '안락함' '해방' '안심' '평온' 등을 의미한다. 결국 질병은 편안하지 않은 상태, 안심할 수 없는 상태를 말한다. 아파서 병원에 가면 의사들은 한결같이 휴식하고 안정을 취하라고 말한다. 병은 마음에서 오고, 마음이 불안하면 병세는 더 나빠지기 때문이다.

부침이 심한 인생에서는 어떤 일이 벌어지든 긍정적으로 생각하는 자세가 중요하다. 갑자기 닥친 사고나 당황스러운 상황을 두고 긍정적으로 생각하기는 쉽지 않지만, 침착한 태도로 긍정적인 반응을 하는 사람은 그러지 못하는 사람보다 상대적으로 피해를 덜 내재화하며 넘어갈 수 있다.

『회남자淮南子』의 「인간훈人間訓」에 나오는 '인간만사새옹지마人間萬事塞翁之馬'라는 이야기가 있다. 새옹은 '북쪽 국경인 새상塞上에 사는 늙은이'라는 뜻으로 하루는 그 노인이 기르던 말이 도망쳐 오랑캐들이 사는 국경 너머로 가버렸다. 그러나 노인은 "이것이 복이 될지 누가 알겠는가?"라고 하며 낙심하지 않았다. 몇 달 후에 뜻밖에도 도망갔던 말이 오랑캐의 좋은 말 한 필을 끌고 돌아오자, 노인은 "이것이 화가 될지 누가 알겠는가?"라며 기뻐하지 않았다. 아니나 다를까, 노인의 아들이 그 말을 타고 달리다 말에서 떨어져 다리가 부러졌다. 그러나 노인은 "이것이 복이 될지 누가 알겠는가?"라며 슬퍼하지 않았다. 그렇게 1년이 지나자 오랑캐들이 쳐들어와 젊은이들이 모두 싸움터에 전사했지만, 노인의 절름발이 아들은 군에 징집되지 않아 무사했다.

새옹지마의 교훈은 일반적으로 인생의 길흉화복이 늘 바뀌어 미리 헤아릴 수 없다는 뜻으로 해석되지만, 어떤 일이 닥쳤을 때 그것을 어떻게 생각하느냐에 따라 전혀 다른 결과가 나온다는 의미로도 해석할 수 있다. 노인은 기르던 말을 잃어버리는 손해를 보았지만, 그것이 복이 될 수 있다는 긍정적인 자기암시를 했다. 그러자 도망갔던 말이 더 좋은 다른 말을 데리고 돌아오는 긍정적인 결과가 나타났다. 반면에 노인이 좋은 말이 생긴 행운을 두고 그것이 화가 될 수도 있다는 부정적인 자기암시를 하자, 아들의 다리가 부러지는 부정적인 결과가 나타났다. 만약 우리가 긍정적인 생각과 의식에 집중한다면, 아들의 다리가 부러져도 전쟁터에 나가지 않아 목숨을 부지하는 좋은 운이 찾아올 수 있다. 이런 사실을 믿을 수 있겠는가?

어떤 일이 생겼을 때 그것을 부정적으로 생각하면 우리 뇌는 그 부정성을 증폭해서 더욱 부정적인 상황으로 이끌어간다. 아무리 나쁜 일이라도 이미 벌어져 되돌릴 수 없다면, 긍정적으로 생각하는 것이 좋다. 그러면 우리 뇌는 정신과 육체에 긍정적인 영향을 주어 상황을 긍정적인 방향으로 흘러가게 한다.

현존하는 최고의 펀드매니저로 평가받는 조지 소로스George Soros 는, 투자하여 돈을 버는 것이 철학을 통해 사고의 틀을 계발하고 인간과 사회와 자본주의와 세계를 통찰할 수 있었기에 가능했으며, 돈벌이는 결과일 뿐 목표가 아니라고 말한다. 그는 중부 유럽의 어느 대학에서 강연한 내용을 토대로 엮은 『이기는 패러다임』에서 자신이 계발한 사고의 틀을 바탕으로 '이기는 사고'를 설명하면서 우리의 인식에는 오류가 많고 세상은 불확실성으로 가득 차 있음을 강조한다. 그는 자신의 철학적 핵심 아이디어를 간략하게 두 가지 원리로 설명한다.

첫번째는 '오류의 원리'로, 인간은 언제나 어떤 상황에 놓여 있고 그 상황의 영향을 받기에, 그의 관점은 부분적이고 왜곡될 수밖에 없다는 것이다. 신이 아닌 다음에야 누구도 이 세상과 거기서 일어나는 모든 현상과 사건을 100퍼센트 객관적으로 인식할 수는 없다. 그래서 같은 사건에 대해서도 어떤 사람은 낙관적으로, 또 어떤 사람은 비관적으로 해석하는 것이다. 이러한 해석은 필연적으로 부적절한 행동을 낳기에, 우리 삶과 미래에 직접적인 영향을 미친다. 이것이 소로스가 말한 두번째 원리, 즉 재귀의 원리다. 이처럼 인간의 생각은 세상을 이해하는 인지 기능과 상황을 바꾸는 조작 기능을 수행한다.

자, 실례를 들어 그의 생각을 살펴보자. 부랑자를 범죄자로 취급하면 그는 실제로 범죄 행위를 저지른다. '일정한 거주지 없이 떠돈다는 것'과 '범죄를 저지른다는 것'은 엄연히 서로 다른 변별적인 행동이지만, '부랑자는 범죄자'라는 선입견이 지배하면 부랑자는 실제로 범죄를 저지르게 된다. 다시 말해 누군가를 나쁜 사람으로 간주하고 그렇게 대하면, 그는 실제로 나쁜 사람이 되어간다는 것이다. 말끔하게 잘 차려입고 고급 호텔에 가서는 신사답게 행동하는 사람도 예비군복을 입으면 길에서 천박한 행동을 서슴지 않는 것도 바로 이런 이유다. 이처럼 그는 다양한 사례를 통해 재귀의 원리를 설명하는데, 그중 하나가 정부다. 국민이 정부를 어떻게 단정하느냐에 따라 실제로 나쁜 정부가 될 수도 있고, 좋은 정부가 될 수도 있다는 것이다.

소로스는 일반인과 매우 다른 사고의 틀을 보여준다. 그 덕분에 그는 영국 은행을 굴복시키기도 했고, 30년간 5351배의 투자 수익을 올려 전설적인 인물이 되었다. 보통 사람들이 그처럼 사고의 틀을 완전히 바꾸는 것은 몹시 어려운 일이다. 하지만 지금이라도 세상에 대한 자신이 관점이 왜곡되었음을 깨닫고 긍정적인 사고방식을 기르려고 노력하는 것은 중요하다.

'좋은 일을 생각하면 좋은 일이 찾아오고, 나쁜 일을 생각하면 나쁜 일이 찾아온다'고 흔히들 이야기하지만, 얼마 전까지만 해도 긍정적인 생각이 어떻게 좋은 일이 생기게 하는지를 과학적으로 설명할 수는 없었다. 그러나 『뇌내혁명』의 저자 하루야마 시게오春山茂雄는 뇌과학적으로 이런 현상에 주목하여 마음과 물질의 관계에 관해 이야기하고, 생각이 삶에서 어떻게 좋은 결과를 이끌어낼 수 있는가를 과학적으로 설명한 최초의 학자라고 할 수 있다.

인간은 원래 모든 것을 부정적으로 사고하는 성향을 타고났다. 통계적으로 인간이 하는 모든 발상의 70~80퍼센트는 부정적이라고 한다. 따라서 긍정적으로 사고하려고 의식적으로 노력하지 않으면, 부정적으로 사고하고 부정적으로 살아가기 쉽다.

시게오는 좋은 생각, 긍정적인 생각을 하면 우리 뇌에서 '베타엔도르핀'이라는 모르핀 분비가 원활해져서 기분이 편안해지고 의욕의 생길 뿐 아니라 잠재 능력을 활용하게 하여 이전에 상상하지 못했던 능력을 발휘할 수 있게 해준다고 주장한다. 반면에 화를 내거나 나쁜 생각을 하거나 스트레스를 받으면 독성 물질인 노르아드레날린이 분비되어 혈압이 상승하고 혈관이 수축하는 등 몸에 부정적인 영향을 끼친다.

이처럼 육체와 마음은 늘 대화하고 있으며, 마음속에서 생각하는 것은 추상적인 관념 상태에 그치지 않고 반드시 구체적인 물질로 변화하여 육체에 작용한다. 인체에는 늘 같은 상태를 유지하려는 본성인 '항상성homeostasis'이라는 메커니즘이 있어, 노르아드레날린이나 아드레날린이 분비되면 반드시 그것을 억제하는 세로토닌serotonin이라는 호르몬이 분비된다. 이를 '네거티브 피드백negative feedback'이라고 하는데, 모르핀 분비에도 이런 억제물질이 작용한다. 그런데 이상하게도 뇌의 전두엽이 자극받아도 베타엔도르핀에는 이런 네거티브 피드백이 작용하지 않아, 아무런 장애 없이 얼마든지 분비될 수 있다고 한다.

뇌가 활동하고 판단하는 사고의 결과는 모두 물질화하여 화학반응을 일으킨다. 스트레스를 받아도 긍정적으로 생각해서 '이것은 하나의 시련이다. 좋은 경험이다'라고 받아들이면, 단백질이 부신피질 호르몬과 베타엔도르핀으로 분해되어 부신피질 호르몬은 육체적인 스트레스를 완화하고 베타엔도르핀은 정신적인 스트레스를 해소하는 작용을 한다.

탄 생선을 보고 '발암 물질이 있을 텐데 먹어도 괜찮을까?'라며 걱정하며 먹으면 스트레스가 되고, 술을 마실 때에도 '간이 나빠지지 않을까?'라고 걱정하면 실제로 간이 나빠지는 결과를 낳는다. 심지어 담배를 피울 때에도 '폐암에 걸리면 어쩌나?' 하고 걱정과 죄책감을 느끼면 아드레날린이 분비되어 체내에 활성 산소가 발생하고, 마치 산소와 접촉한 쇠에 녹이 스는 것처럼 육체에도 부정적인 영향을 미친다. 반면에 '담배 맛이 참 좋군!'이라며 긍정적으로 생각하면 베타엔도르핀이 분비되어 이로운 작용을 한다. 물론 그렇다고 해서 담배가 인체에 해롭다는 사실이 달라지는 것은 아니지만 말이다.

인간은 부정적으로 생각하는 성향이 있지만, 모든 것을 긍정적으로 생각하는 사람은 생각의 스케일 자체가 그만큼 크다는 것을 의미한다. 낙천적인 사람은 똑같은 상황에서도 비관적인 사람보다 훨씬 더 긍정적으로 생각한다. 긴 안목으로 볼 때 이런 긍정적 발상과 부정적 발상의 차이는 건강과 부와 직업적 성공 등 우리 삶의 중요한 분야에 깊이 관여한다. 긍정적인 사람은 명랑하고 표정도 밝고 자신감에 넘치고, 보는 이를 기분 좋게 하여 결과적으로 사람들은 그에게 호감과 매력을 느끼게 마련이다. 부드러운 리더십, 소프트 파워가 특히 주목받는 오늘날에는, 똑똑하지만 부정적인 사람보다는 편안하면서도 긍정적인 사람이 더 사랑받고 인기 있으며 더 큰 경쟁력을 발휘한다.

생각은 이 세상에 존재하는 어떤 것보다도 더 강력한 에너지를 만들어낸다. 또한 생각은 우리 뇌에서 최고의 모르핀을 분비해낸다. 하지만 부정적이고 소극적이고 파괴적인 생각을 할 때에는 우리 몸을 괴롭히고 해롭게 하는 스트레스 호르몬이 분비된다. 하지만 긍정적이고 좋은 생각을 할 때 우리 몸은 몸에 좋은 뇌내 모르핀을 분비한다. 이것은 모르핀보다 훨씬 더 강력하다.

어떻게 생각하느냐는 전적으로 자신의 자유로운 선택이다. 그러나 생각의 크기와 질에 따라 전혀 다른 삶을 살아가게 된다. 창조적으로 생각하는 사람은 창조적인 삶을 살게 마련이고, 큰 스케일로 생각하는 사람은 큰 인생을 살게 마련이다. 인간은 결국 자신의 생각이 만들어내는 결과물일 수밖에 없다.

스케일이 커야 크게 생각하고
멀리 내다볼 수 있다

작은 사무실 공간, 거기서도 한 평 남짓한 자기 자리에서 하루를 보내는 사람들. 그 안에서 온갖 드라마가 펼쳐진다. 시기하고, 헌신하고, 사랑하고, 증오하고, 때로 음모를 꾸미고 그 음모의 희생자가 되기도 한다.

사무실을 나서 집으로 돌아가 성냥갑 같은 아파트 침실에서 피로에 지친 몸을 눕힌다. 그리고 아침이 오고, 아침밥을 먹는 둥 마는 둥 사람들로 붐비는 버스나 지하철을 타고 다시 그 작은 사무 공간으로 들어가 어제저녁에 보다 만 드라마를 다시 보기 시작한다. 그렇게 세월을 보내다보면 몸은 늙고 머리는 쇠퇴하며, 입사한 날이 엊그제 같은데 후배들에게 떠밀려 퇴직 권고를 받기도 한다. 이것이 나의 인생인가? 정말 이렇게 살려고 세상에 태어난 걸까? 여기저기서 가족 사랑을 운운하지만, 가족은 정말 나를 아무 조건 없이 사랑하는가?

자, 휴가를 내고 따듯한 남쪽 나라로 날아가는 비행기에 몸을 실어보자. 비행기가 이륙한 뒤 창밖을 내려다보면 공항 주변 풍경이 보이는가 싶더니 어느새 서울이 한눈에 들어온다. 비행기가 조금 더 올라가니 수도권이 보이고, 잠시 후에 대한민국 영토가 모습을 드러낸다. 그리고 중국 대륙이 보이고 광활한 남지나해가 시야에 들어온다. 이제 눈을 감아보자. 마음의 눈으로 내려다보니 아시아 대륙이 보이고, 공처럼 둥근 지구가 보이더니 무한한 별들이 반짝이는 은하계가 보인다. 더 올라가니 은하계를 닮은 다른 무수한 성좌가 명멸하며 우주가 보인다……

이제 한 평 남짓한 사무 공간에 갇혀 있는 나, 성냥갑 같은 아파트의 세 평짜리 침실에서 잠든 나를 머릿속에 그려보자. 진정 나는 누구인가. 나는 머릿속에서 지구와 은하계와 우주를 그릴 수 있는 존재다. 내 생각은 우주보다도 더 큰 것을 상상하고 훤히 들여다볼 힘이 있다. 그런데 나의 현실은 어떤가? 나는 분명 지금 내가 직면하여 전전긍긍하는 것들을 다른 관점에서 바라보고 다르게 생각해야 할 필요가 있다.

생각의 변화를 통해 얻는 가장 큰 유익함은, 인생을 크게 생각하고 크게 내다보고 크게 도전할 수 있도록 생각을 길러준다는 점이다. 그 결과 우리는 일상의 작은 일에 매달리지 않게 된다.

『유쾌하게 나이 드는 법 58』을 쓴 로저 로젠블라트Roger Rosenblatt는 이 책에서 수명을 수십 년 연장하는 방법을 제시한다. 대단한 비결 같지만, 알고 보면 별것 아니다. 문제라고 생각하는 모든 문제를 그저 아무것도 아니라고 생각하면 된다는 것이다.

지금 이 순간 우리를 몹시 괴롭히는 문제가 있다면, 그것이 어떤 문제이든 사실은 우리에게 아무런 문제가 되지 않는다는 것을 하나의 법칙으로 정하고 그 법칙을 따르면, 우리는 그 문제에서 비롯한 모든 해악과 근심, 걱정, 공포에서 벗어날 수 있다. 어찌 보면 그의 주장은 말장난처럼 들리지만, 현실 인식에서 마음이 얼마나 중요한 역할을 하는지를 확인하게 해주는 효과가 있다.

어떤 일의 시기가 너무 일러서, 혹은 너무 늦어서 문제인가? 로젠블라트는 시기의 이르고 늦음은 문제가 되지 않는다고 말한다. 실제로 나도 촌각을 다투는 일을 하면서 이 방법을 직접 적용해보니 조급증이 사라지는 것을 느꼈다. 여기 있기에 혹은 저기 있기에 문제라면, 그 말을 했기에 혹은 그 말을 하지 않았기에 문제라면, 똑똑하기에 혹은 미련하기에 문제라면, 오늘 여러 가지로 상황이 좋지 않아서 혹은 모든 일이 너무 순조로워서 문제라면, 상사가 당신을 형편없는 사람으로 보기에 혹은 당신에게 너무 큰 기대를 걸기에 문제라면, 당신의 애인이 당신을 바보로 보기에 혹은 당신이 정말 멍청해서 문제라면, 꿈꾸던 집을 가지지 못했기에 혹은 그 집에서 살고 있다는 사실이 마음을 괴롭히는 문제라면, 우리가 반드시 명심해야 할 것이 하나 있다.

이 모든 것은 정말 중요한 문제가 아니다.

로젠블라트의 주장처럼 우리를 괴롭히는 문제가 어떤 것이든, 그것은 문제가 되지 않는다고 생각할 수 있을 때 우리는 인생을 두려움 없이 충만하게 살 수 있다. 그러려면 어떻게 해야 할까? 마음을 혁명하여 크게 생각하고 멀리 내다볼 수 있는 능력을 길러야 한다. 세상은 언제나 우리로 하여금 코앞에 닥친 일로 노심초사하게 하지만, 그러다보면 어제와 다름없는 내일을, 작년과 다름없는 내년을 살게 된다. 그렇게 세월이 흐르면 자신의 생각과 의지는 사라지고, 당장 벌어진 일에 쫓기며 현실에 얽매여 노예처럼 살아가면서 성장도 변화도 없는 인생을 마감하게 마련이다. 우리 주변에 이런 사람이 많은 이유는 눈앞만 바라보는 것이 우리의 한계이며 습관이기 때문이다. 그래서 헨리 데이비드 소로의 말처럼 모든 사람이 '조용한 절망의 삶'을 살아가는 것이다.

　　마음 혁명을 실천하면 눈앞만 바라보는 삶에서 벗어나 멀리 내다보는 삶을 살아갈 수 있다. 하지만 마치 어떤 기술을 사용하듯이 의도적으로 크게 생각하고 길게 내다보려 애쓴다고 해서 당장 어떤 변화가 일어나는 것은 아니다. 그런 시도는 작심삼일이 되기 쉽다. 중요한 것은 그 모든 것의 주체인 사람이 변해야 한다는 점이다. 일시적인 시도는 자기 몸에 맞지 않는 옷을 입는 것과 다름없으므로 그 옷을 벗으면 다시 이전으로 돌아가게 마련이다. 그러나 사람이 변하면 그의 크기와 깊이에 걸맞은 견해와 안목을 갖추게 된다. 그럴 때 이전보다 훨씬 더 크게 생각할 수 있고, 더 멀리 내다볼 수 있으며, 전에는 상상도 하지 못했던 큰일에 담대하게 도전할 수 있다.

세상에서 가장 위대한 사람은 세상에 무릎 꿇기를 거부하고 자존심을 지키며 용감하게 죽음을 선택하는 사람이 아니라, 인생을 크게 생각하고 멀리 내다보며, 무릎을 꿇어야 할 때 과감히 무릎을 꿇고 물러서야 할 때 미련 없이 물러설 줄 아는 사람이다. 『사기』를 쓴 사마천이 바로 그런 사람이었다.

전한前漢 시대에 사마천의 아버지 사마담은 죽을 때 아들에게 그동안 자신이 편찬하던 역사서를 완성하라는 유언을 남겼다. 아버지의 뒤를 이어 태사령이 된 그는 선친의 유지를 받들어 역사서 편찬에 착수했다. 그러던 중 한무제漢武帝의 명을 받아 흉노를 정벌하러 떠났던 장군 이릉李陵이 패전하여 적의 포로가 되고 말았다. 황제는 진노하여 중신 회의를 열고 이릉의 처분에 관해 의견을 물었다. 신하들은 모두 이릉을 비난하고 그의 가족을 능지처참해야 한다고 주장했으나, 사마천은 그의 충절과 용기를 들어 두둔하여 왕의 노여움을 샀고, 그로 인해 파면당하여 감옥에 갇히는 신세가 되었다. 그는 사형을 받게 되었는데, 이를 피할 방법은 어마어마한 금액의 벌금을 내거나 궁형宮刑을 받는 것뿐이었다. 그러나 당시 관습에 비추어볼 때 목숨을 부지하려고 궁형을 택하는 것은 자신과 가문을 욕되게 하는 치욕적인 일이었으므로 누구나 죽음을 택하는 것이 옳다고 생각했다. 그러나 사마천은 궁형을 받아들여 죽음을 모면했고, 『사기』의 편찬을 완료했다.

사마천이 굴욕을 참지 못하고 자존심을 내세워 용감하게 죽음을 선택했다면 『사기』는 세상의 빛을 볼 수 없었을 것이다. 『사기』는 장구한 중국 역사를 기록한 최초의 역사서라는 의미를 뛰어넘어 이후 수많은 역사서의 근간이 되었을 뿐만 아니라, 인간에 대한 탁월한 통찰과 날카로운 안목으로 인간학의 대표적인 고전으로 여겨진다. 선친의 유지를 받드는 일도 중요했겠지만, 사마천은 인생을 크게 생각하고 멀리 내다볼 줄 알았기에 스스로 자신을 내려놓고 무릎 꿇으면서 인류의 가장 중요한 유산 가운데 하나를 세상에 남겼다.

아래 글은 사마천이 친구 임안任安이 옥에 갇혔다는 소식을 듣고 그를 위로하고자 자신이 전에 궁형을 택했던 경위와 심정을 고백하며 쓴 편지 「보임안서報任安書」의 일부다.

저는 천하의 산실散失된 구문 을 수집하여 행해진 일을 대략 상고하고 그 처음과 끝을 정리하여 성패흥망의 원리를 살펴 모두 130편을 저술했습니다. (…) 그러나 초고를 다 쓰기도 전에 이런 화를 당했는데, 나의 작업이 완성되지 못할 것을 안타까이 여긴 까닭에 극형을 당하고도 부끄러워할 줄 몰랐던 것입니다. 진실로 이 책을 저술하여 명산에 보관하였다가 내 뜻을 알아줄 사람에게 전하여 촌락과 도시에 유통되게 한다면 이전에 받은 치욕에 대한 질책을 보상할 수 있을 것이니 비록 만 번 주륙誅戮을 당한다 해도 어찌 후회가 있겠습니까? 이것은 지혜로운 이에게는 말할 수 있지만, 속인에겐 말하기 어려운 일입니다.

그러나 솔직히 말하자면 멀리 내다보는 것이 말처럼 그리 쉬운 일은 아니다. 인간은 경험의 지배를 받는 동물이고, 과거에 자신을 길들인 가치와 신념, 습관을 버리는 것은 혁명적인 변화 없이는 불가능하기 때문이다. 모든 사람의 마음속에는 변화를 거부하는 괴물이 살고 있기에 변화는 더욱 어렵다.

태평양전쟁이 막바지에 다다랐던 시절, 일본은 전쟁 수행에 부족한 물자와 인력을 공급하고자 조선 촌구석의 놋숟가락마저 공출하고 조선의 젊은이들을 전쟁터로 내몰았으며 노동력이 있는 사람들을 징용해 갔다.

석탄과 철을 캐는 탄광에 조선인들이 투입되어 조국을 침략하여 식민지화한 일본을 돕는 일을 하게 된 것이다. 그러나 생존자들의 증언을 들어보면 착실하게 작업하던 조선인 징용자들이 게으름 피우는 동포 징용자를 비난하고 훈계하는 경우가 종종 있었다고 한다. 그들은 일본을 돕는 이적 행위에 '착실하게 일해야 한다'는 도덕적 잣대를 들이댔던 것이다. 멀리 내다보지 못하는 사람들이 눈앞에서 벌어지는 상황을 짧은 안목으로 판단한, 한 편의 부조리극이었다.

이런 상황을 문제적으로 그린 작품이 바로 데이비드 린David Lean 감독의 영화 「콰이강의 다리」(1981)다. 제2차세계대전이 한창이던 시기에 일본군에게 잡혀 포로가 된 영국군 공병대가 타이의 밀림에 있는 일본군 포로수용소로 이송된다. 영국군 포로의 지휘관 니콜슨 중령은 높은 인격을 갖춘 인물로, 유능하고 현명하고 책임감과 통솔력이 있는 군인이다.

영국군 포로들이 적국인 일본이 주도하는 콰이강 다리 건축 공사에 투입되면서 니콜슨 중령은 점차 아름다운 다리를 만들겠다는 욕망에 사로잡힌다. 눈앞에 놓인 과제인 다리 건설에 그는 모든 열정과 에너지를 쏟아부어 부하 병사들을 지휘하며 완벽하고 아름다운 다리를 완성한다. 그러나 그는 결국 일본군의 보급 열차가 지나가는 것을 막기 위해 다리를 폭파해야 할 운명에 놓인다. 그 순간 그는 이런 명대사를 남긴다.

내가 무슨 짓을 한 거지What have I done?

니콜슨 대령은 큰 스케일의 그림을 그리지 못한 것이다. 자신이 조국을 위해 일본군과 싸우는 군인이라는 큰 그림을 놓치고 눈앞에 보이는 '다리 건설'이라는 작은 스케일에 갇혀 있었던 것이다. 이런 근시안적인 행동은 자신뿐 아니라 자신이 속한 가정과 사회, 기업과 국가에 해가될 수 있다. 이 영화에 등장하는 또다른 명대사 "미쳤군, 다들 미쳤어!"가 의미하는 것처럼, 큰 그림을 그리지 못하면 아무렇지도 않게 미친 짓을 저지를 수 있다는 사실을 명심해야 한다. 중요한 것은, 지금 당장 무엇을 하고 있느냐가 아니라 큰 프레임에서 어느 방향으로 나아가고 있느냐 하는 것이다. 그 큰 스케일을 알려면 크게 생각하고 멀리 내다봐야 한다.

눈앞만 보기 때문에 멀미를 느끼는 것이다. 몇 백 킬로미터 앞을 보라. 그곳은 잔잔한 물결처럼 평온하다. 나는 그런 곳에 서서 오늘을 지켜보고 사업을 하고 있기에 전혀 걱정하지 않는다.

일본 소프트뱅크의 손정의 회장이 한 말이다. 그는 우리에게 30년을 준비하여 300년을 번성하는 30년 비전을 지니라고 당부한다. 앞으로는 이런 경영자, 이런 정치가가 필요하지 않을까? 눈앞의 이익에 모든 것을 걸고 경영하고 정치하는 사람들이 아니라 큰 스케일로 100년을 내다보는 사람이 필요할 것이다.

스케일이 커야 세상을 바라보는
시각도 바꿀 수 있다

아무도 앞날을 예측할 수 없으며 세상에 영원한 것은 없다. 어느 날 갑자기 사랑하는 이를 떠나보낼 수도 있고, 오랜 세월 일한 회사에서 해고 통보를 받을 수도 있다. 힘겹게 번 돈을 사기꾼에게 털리기도 하고, 사고를 당해 하루아침에 불구가 될 수도 있다. 모함을 당하거나 이혼을 하거나 심지어 자살을 택하기도 한다.

이처럼 세상사는 예측하지 못했던 사건의 연속이다. 그리고 행복했던 삶이 하루아침에 지옥 같은 현실이 되기도 한다. 하루를 보내는 것이 죽지 못해 사는 것과 같은 사람도 있다. 하지만 어떤 경우든 그 지옥에서 벗어날 유일한 방법은, 세상을 바라보는 시각을 바꾸는 것이다.

자신이 옳다고 믿는 일에 헌신했건만 결국 그 진실이 왜곡되고 심지어 억울한 죽음까지 당하게 된다면, 그 원통한 심정을 어떻게 억누를 수 있을까? 어떻게 그 분노와 절망에서 헤어날 수 있을까? 우리는 그 전범을 철학자 보에티우스Boetius의 경우에서 찾아볼 수 있다.

　5세기 말 이탈리아의 왕이 된 동고트족 테오도리쿠스는 로마인과 고트인의 융합을 도모하고자 철학자 보에티우스를 수상에 임명했다. 당시 왕의 가장 큰 관심사는 어떻게 하면 고트인과 점령자인 로마인이 갈등 없이 조화를 이루며 살아갈 수 있을까 하는 것이었다. 그는 로마의 문화나 제도를 그대로 유지하면서 군대는 고트인에게 맡겨 로마인과 고트인이 공생하는 길을 모색했다. 그러나 대부분 기독교의 아리우스파였던 고트인과 정통 가톨릭을 믿던 로마인 사이의 마찰은 피할 수 없었다. 로마인에 대한 왕의 태도 역시 점차 가혹하게 변했다.

　보에티우스는 서로마 교회와 동로마 교회의 관계를 부활시키려고 노력했지만, 동로마 제국에서는 테오도리쿠스 왕국의 세력이 커지는 것을 견제하고 있었다. 그런 상황에서 보에티우스는 동로마 교회와 편지를 주고받아 왕에게 의심을 샀고, 결국 반역 혐의로 투옥되었다. 대립하는 세력 간의 화해와 융합을 위해 노력했는데, 자신의 선의가 오히려 반역 혐의를 받고 목숨까지 잃게 되었으니 보에티우스는 그보다 더 억울한 일이 없었을 것이다. 그는 단지 자신이 생각한 대로 옳은 일을 하려 했을 뿐이었다. 그러나 그는 자신의 운명을 탓하지 않고 1년 뒤 처형되기까지 감옥에서 『철학의 위안』을 완성했다. 이 책은 의인화된 철학과 보에티우스 사이의 대화를 통해 세상이 불공평해 보여도 더 높은 선이 존재하며, 그것을 추구하는 것이 신의 섭리가 명한 참된 행복과 최고의 선이라는 주장을 제시한다. 불행과 정의의 관계, 선과 악의 문제를 철학적 사고에서 찾으려 한 시도였다.

그는 누명을 쓰고 죽어야 하는 현실에서 상상할 수 없는 고통을 느꼈을 법도 하지만, 감옥에서 이 세상 누구보다도 풍요로운 삶을 살았고 위대한 저서를 남겼다. 어떻게 그럴 수 있었을까? 그것은 그가 현실이나 상황에 집착하지 않고 마음의 힘으로 좌절과 죽음의 공포를 이겨내고, 분노와 원망을 다스리는 법을 터득했기 때문이다. 그는 마음을 혁명하여 자신뿐 아니라 타인에게도 위안을 주는 올바른 성찰의 길을 제시했으며, 지혜를 베푸는 사람, 마음이 풍요로운 인간으로서 이 세상을 떠날 수 있었다.

삶이 지옥처럼 고통스럽고, 희망이 보이지 않고, 심지어 죽음에 직면해 있다고 해도 그 삶을 천국으로 바꾸는 힘은 오직 마음에 달렸다. 우리가 선택할 수 있는 것은 오직 마음뿐이기 때문이다. 하지만 놀랍게도 마음으로 선택한 것이 어떤 것이든 우리는 선택한 것을 얻게 된다. 마음에는 강력하고 창조적인 에너지가 있기 때문이다.

소로스가 말했듯이 우리는 이 세상을 전체적으로, 완벽하게, 객관적으로 볼 수 없다. 따라서 세상에 대한 인식을 결정하는 가장 중요한 요소는 우리의 시각이다. 시각에 따라 삶에 대한 자세도 달라진다. 그렇다면 시각을 결정짓는 것은 무엇일까? 바로 우리의 사고 습관이다. 스위스의 심리학자 피아제Jean Piaget는 우리가 세상을 대상으로 사고하는 습관을 '동화assimilation'와 '조정accommodation'이라는 두 가지 방식으로 설명한다. 동화는 세상을 해석하는 기존의 틀이나 관점, 즉 도식schema적으로 새로운 상황을 판단하고 인식하는 방식이다. 조정은 기존 사고의 틀을 벗어나는 상황과 정보를 과감하게 수용해 사고의 틀을 새롭게 형성하는 방식이다.

그런데 우리는 대부분 쉽고 편한 동화의 방식을 택하기에 매일 반복되는 일상을 살아갈 뿐 그 틀에서 벗어나지 못하는 것이다. 아니, 벗어나지 않으려 한다. 따라서 세상을 바라보는 시각도 달라지지 않는다. 마치 우물 안에서만 살다 죽는 개구리가 평생 작은 우물 입구를 통해서만 세상을 바라보듯이, 매우 제한적이고 편협한 시각으로 세상을 바라보며 살아가는 것이다.

인간은 새로운 상황에 끊임없이 적응해야 하는데, 우리의 뇌는 애써 에너지를 소모하기보다는 편하고 익숙한 것을 택하는 쪽으로 반응한다. 그래서 조정보다 동화를 선택한 결과로 우리는 편견과 고정관념에 사로잡혀 살아가게 되는 것이다. 귀찮게 모든 상황을 일일이 점검하고 심사숙고할 수 없으며, 일상적인 일들은 닥치는 대로 빨리 해결해야 하기 때문이기도 하다. 그리고 우리가 조정보다 동화를 선호하는 또다른 이유는, 그것이 더 나은 방식이라고 쉽게 믿어버리기 때문이다. 게다가 '과제를 빨리 처리하는 방식이 더 나은 방식'이라는 편견 또한 작용한다. 그래서 우리는 거의 무의식적으로 동화를 택한다.

그러나 이런 삶의 방식은 많은 문제를 일으킨다. 동화의 다른 이름은 선입견이고 편견이기 때문이다. 우리가 세상을 이해할 때 동화의 방식을 따르면 늘 섣불리 판단하는 위험을 피할 수 없다. 가령 스스로 사고하고 성찰하기보다는 널리 퍼진 편견을 그대로 답습하여, 백인은 우월하고 흑인은 무지하며 아랍인은 위험하다고 믿는다. 남자는 여자보다 합리적이고 이성적이며, A형은 소심하고 B형은 괴팍하고 O형은 단순하다고 판단한다. 이렇게 대상을 고정관념에 따라 이해하는 단순하고 기계적인 사고를 계속하다보면 삶에서 어떤 변화도 기대할 수 없다.

우리가 매일 똑같은 삶을 사는 이유는 세상이 변함없기 때문이 아니라, 우리의 마음에 변화가 일어나지 않기 때문이다. 우리가 세상을 바라보는 시각이 늘 변함없는 이유는 우리의 사고 틀이 언제나 똑같기 때문이다. 우리가 무미건조한 일상을 살아야 하는 이유는 세상이 무미건조하기 때문이 아니라, 우리의 마음에 혁명의 바람이 불지 않았기 때문이다.

그러나 우리가 생각과 마음을 바꾸면 세상에 대한 인식이 달라지고, 그것이 우리 삶을 변화시킨다. 더 놀라운 사실은, 우리가 세상에 대해 생각을 바꾸면 세상도 우리에 대해 생각을 바꾼다는 점이다. 웨인 다이어Wayne Dyer는 이렇게 말했다.

내가 사물을 주시하는 방식을 바꾸면, 그 사물이 변한다.

『물은 답을 알고 있다』의 저자 에모토 마사루江本勝는 이러한 사실을 물의 사례를 통해 설명한다. 그는 '행복'이라는 단어를 종이에 써서 물에 보여주고 결정체의 모양을 관찰했다. 그리고 이번에는 '불행'이라는 단어를 종이에 써서 물에 보여주고 결정체의 모양을 관찰했다. 그랬더니 놀랍게도 물은 '행복'이라는 단어에는 아름다운 모양의 결정체를 형성했고, '불행'이라는 단어에는 험악하고 차가운 느낌의 모양으로 결정체가 바뀌었다.

또한 결정체는 '사랑' '감사' '천사' '고맙습니다'라는 말에는 아름다운 모양을 보여주었지만, '미움' '저주' '악마' '망할 놈' '짜증나'라는 말에는 흉측한 모양으로 반응했다. 우리 몸의 70퍼센트가 물이라는 사실을 다시금 새겨볼 만한 대목이다.

세상을 바라보는 시각을 긍정적으로 바꿔야 하는 이유 중 하나는 그 시각에 따라 세상에 널려 있는 기회를 발견할 수 있기 때문이다. 많은 사람이 성공하지 못하는 이유는 고정관념에 사로잡혀 시각을 바꾸지 못하여 인생을 바꿀 행운의 기회를 붙잡지 못하기 때문이다. 『왜 나는 눈앞의 고릴라를 못 보았을까?』의 저자 리처드 와이즈먼은 이렇게 말한다.

모든 사람에게 존재하는 심리적인 '맹점'은 눈앞에 뻔히 보이는 기회와 복잡한 문제를 풀 수 있는 간단한 해결 방법, 우리 삶을 바꿔놓을지도 모르는 행운의 기회를 놓치게 한다.

성공의 기회는 바로 우리 눈앞에 있다. 하지만 그것을 볼 수 있느냐 없느냐는 오롯이 세상을 바라보는 자신의 시각에 달렸다. 한때 처치 곤란한 쓰레기 취급을 받았던 석유는 산업 에너지 자원으로서 가치를 발견한 사람에게 황금알을 낳는 거위가 되었다. 뜨거운 커피를 담은 종이컵을 뜨겁지 않게 잡을 수 있도록 '홀더' 혹은 '슬리브'라고 불리는 띠로 둘러쌀 생각을 했던 사람 역시 눈앞의 기회를 놓치지 않은 사람이다.

남과 다르게 생각하고 남과 다르게 세상을 바라보는 것이 중요한 이유가 여기에 있다. 큰 스케일로 생각하는 사람은 세상을 바라보는 시각이 다양하여 사고 역시 유연하다. 유연한 사고는 인생을 성공적으로 살아가기 위해 반드시 필요하다. 급변하는 세상에서 작은 틀에 갇혀 있는 사람은 성공할 수 없다.

스케일이 커야
발상을 전환할 수 있다

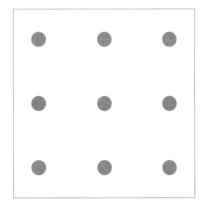

왼쪽에 보이는 것처럼 배열된 아홉 개의 점을 종이에서 연필을 떼지 않고 네 개의 선으로 연결하라는 문제는, 흔히 발상의 전환을 이야기할 때 하나의 예로 제시되곤 한다. 우리의 사고는 아홉 개의 점이 이루는 상상의 사각형 안에 갇혀 있기에 그 사각형 밖으로 나가지 못하여 이 간단한 답을 찾지 못한다.

콜럼버스의 달걀 역시 발상의 전환을 이야기할 때 흔히 제시하는 예다.

콜럼버스가 신대륙을 발견하고 돌아와 대단한 업적을 이룬 것처럼 으스대자, 한 친구가 "대서양에서 서쪽으로 계속 항해하여 섬을 하나 발견한 것이 그토록 대단한 공로인가? 그것은 누구나 할 수 있는 일이다"라며 비아냥거렸다. 그러자 화가 난 콜럼버스는 탁자 위에 놓여 있던 달걀을 집어 들고 외쳤다. "너희 중 누가 이 달걀을 탁자 위에 세울 수 있는가?" 자리에 모여 있던 사람들이 콜럼버스의 말을 듣고 달걀을 세워보려 했으나 모두 실패했다. 콜럼버스는 "아무도 성공하지 못했나? 그렇다면 내가 해보겠다"라며 달걀의 아래쪽을 깨고 탁자 위에 올려놓자 달걀은 반듯하게 섰다. 그는 말했다. "남이 달걀을 이렇게 세우는 것을 보고 따라 하기는 쉽다. 그러나 처음에 이렇게 하기는 쉽지 않다. 내가 신대륙을 발견한 것도 처음 한 일이어서 쉽지 않았다."

그러나 재미있는 것은, 우리가 이 일화를 하도 자주 들었기에 실제로 달걀을 세워보려 하지도 않는다는 사실이다. 달걀은 아래쪽을 깨지 않고도 세울 수 있다. 실제로 2005년 9월 14일 오스트레일리아 멜버른에서 열린 달걀 세우기 대회에서 브라이언 스퍼츠는 열두 시간 만에 439개의 달걀을 세워 기네스 신기록에 올랐다.

또 하나의 예를 들어보자.

기원전 336년 마케도니아의 왕 필리포스 2세가 암살당하고 그의 뒤를 이어 왕이 된 알렉산드로스는 동방의 대국 페르시아로 눈을 돌렸다. 그리하여 마케도니아군은 페르시아군을 쳐부수고 소아시아의 서안 프리지아 왕국의 수도 고르디움을 함락시켰다. 이때 알렉산드로스가 시의 신전을 찾아갔더니 신을 모시는 가마의 손잡이에 복잡한 매듭이 묶여 있었다. 이는 예전에 현자로 명성이 자자했던 고르기아스가 묶어놓은 것으로, 이 매듭을 푸는 자만이 아시아의 왕이 될 것이라는 신탁이 있었다. 알렉산드로스는 이 매듭을 잠시 들여다보다 칼을 뽑아 단번에 잘라버렸다. 그러고는 "나는 아시아의 왕이다"라고 스스로 선언했다.

이 일화는 '예언'이라는 고정관념에 묶여 '매듭을 풀어야 한다'라는 전제에서 벗어나지 못한 사람들과는 달리 전혀 다른 발상으로 문제를 해결한 사례로 언급되곤 한다.

물론 달걀을 깨뜨려서 억지로 탁자 위에 세웠던 콜럼버스의 탈규칙성이나 매듭을 풀어야 한다는 규칙을 무시하고 잘라버렸던 알렉산드로스의 위법성을 많은 사람들이 비판하기도 하지만, 여기서 우리가 주목해야 할 대목은 그들이 평범한 발상의 한계를 벗어나 전환적인 사고를 했다는 점이다.

그렇다면 발상의 전환은 이처럼 순식간에 천재적인 영감으로 이루어질 수 있을까? 그렇지 않다. 위인들의 공통적인 특징 가운데 하나는 바로 실패를 자산으로 삼았다는 점이다. 그들은 실패를 성공의 반대가 아니라 성공의 일부로 보았다. 이러한 역발상 또한 그들의 성공을 이끈 원동력이었다.

발명왕 에디슨의 일화는 너무도 유명하다. 그는 전구를 상용화하기까지 천 번이 넘는 실패를 겪었다. 하지만 그는 실패를 실패로 여기지 않았고, 기자들과의 인터뷰에서 그토록 많은 실패와 좌절을 이겨낸 비결을 이렇게 설명했다.

> 나는 천 번을 실패한 것이 아닙니다. 성공하지 못한 이유
> 천 가지를 알아내는 데 성공했을 뿐입니다.

창의적인 발상과 관련하여 로버트 서튼은 『역발상의 법칙』에서 '뷔자데vujade'라는 낯선 표현을 사용한다. 이 단어는 처음 가는 장소나 처음 대하는 물건이 마치 이전에 본 적이 있는 것처럼 낯설지 않은 느낌이 드는 상태를 말하는 '데자뷔déjà-vu'를 거꾸로 쓴 것이다. 말하자면 '뷔자데'는 익숙하고 당연한 것을 낯설게 느끼는 것을 말한다. 이런 감정이 들게 하려면 새로운 시각, 통념을 깨는 역발상이 필요하다. 그리고 이것이 바로 창의력과 혁신의 원동력이 된다. 창의력은 역발상에서 비롯되기 때문이다.

이쯤에서 로버트 프로스트의 아름다운 시 한 편을 감상해보자.

> 단풍 든 숲속에 두 갈래 길이 있었습니다.
> 몸이 하나니 두 길을 가지 못하는 것을
> 안타까워하며, 한참을 서서
> 낮은 수풀로 꺾여 내려가는 한쪽 길을
> 멀리 끝까지 바라다보았습니다.

그리고 다른 길을 택했습니다. 똑같이 아름답고,

아마도 더 걸어야 할 길이라 생각했지요.

풀이 무성하고 발길을 부르는 듯했으니까요.

그 길도 걷다보면 지나간 자취가

두 길을 거의 같도록 하겠지만요.

그날 아침 두 길은 똑같이 놓여 있었고

낙엽 위로는 아무런 발자국도 없었습니다.

아, 나는 한쪽 길은 훗날을 위해 남겨놓았습니다!

길이란 이어져 있어 계속 가야만 한다는 걸 알기에

다시 돌아올 수 없을 거라 여기면서요.

오랜 세월이 지난 후 어디에선가

나는 한숨지으며 이야기할 것입니다.

숲속에 두 갈래 길이 있었고, 나는

사람들이 적게 간 길을 택했다고

그리고 그것은 내 모든 것을 바꾸어놓았다고.

—「가지 않은 길」

이 시는 그가 실의에 빠져 있던 20대 중반에 썼다고 알려져 있다. 당시 그는 형편이 몹시 어려웠다. 대학 졸업장도 없고 변변한 직업도 없었고, 문단에서는 인정조차 받지 못한 문학청년으로 미래가 몹시 불투명한 상태였다. 그런 상황에서 그는 자기 집 앞에 나 있던 두 갈래 길을 보고 영감을 얻어 이 시를 썼다고 한다.

이 아름다운 시를 읽고 감상에 젖는 것도 좋지만, 무엇보다도 세상에는 두 종류의 길이 있다는 가르침에 주목할 만하다. 세상에는 사람들이 많이 가는 길과 그렇지 않은 길이 있다. 시인은 '사람들이 적게 간 길'을 걸어갔고, 그 선택이 '모든 것을 바꾸어놓았다'고 고백한다. 만약 그가 사람이 많이 다니는 길을 택했다면, 아마도 우리가 알고 있는 시인 프로스트는 존재하지 않았을 것이다.

배우자를 선택하든, 회사를 선택하든, 대학에서 학과를 선택하든, 주식에 투자하든 나는 사람들이 적게 가는 길을 택하라고 권하고 싶다. 사람들이 적게 간 길에는 남들이 발견하지 못한 수많은 기회가 널려 있다. 그 길을 개척하고 새로운 것을 발견하고, 성공으로 이끌어가는 삶이야말로 의미 있는 삶이다. 근대 경험론의 선구자 프랜시스 베이컨 역시 "누구도 해낸 적이 없는 성취란, 누구도 시도한 적이 없는 방법을 통해서만 가능하다"라고 말했다. 그리고 그 방법은 이전과는 전혀 다른 발상에서 비롯한다.

우리가 인생의 어느 고비에서 도저히 해결할 수 없는 난관에 부딪쳤을 때 이를 해결하는 결정적인 방법은 전혀 새로운 발상, 역발상으로 찾을 수 있다. 예를 들어, 트로이 전쟁 중에 그리스 병사들이 공략한 트로이의 성은 난공불락이었다. 수많은 사상자를 내면서 10년을 끌어온

전쟁에서 진퇴양난에 놓였던 그리스 병사들에게 돌파구를 마련해준 것은 바로 역발상의 전략이었다. 그들은 전쟁을 포기하는 척하면서 트로이 성 앞에 거대한 목마를 만들어놓고 철군했다. 트로이 사람들은 그것을 승리의 상징으로 간주하여 성 안에 들여놓고 축제를 벌였다. 그날 밤 그 목마에서 그리스 병사들이 나와 트로이 성을 함락할 수 있었다. 허를 찌르는 기발한 발상 덕분이었다.

성공하는 사람들은 정해진 게임의 규칙을 따르기보다는 이전과는 전혀 다른 규칙을 만들어내는 역발상의 천재들이다. 현대 경영학자들은 이것을 '혁신'이라는 이름으로 부른다. 이런 혁신적 발상의 사례를 『장자』의 「소요유」 편에 나오는 '불균수지약不龜手之藥', 즉 손을 트지 않게 하는 약이라는 의미의 일화에서도 찾아볼 수 있다.

송나라에 대대로 세탁업으로 먹고사는 집안이 있었다. 이들은 추운 겨울에도 찬물에 빨래를 해야 했기에 손이 트지 않게 하는 약을 만들어 사용했다. 그런데 어느 날 그곳을 지나던 나그네가 소문을 듣고 찾아와 그들에게 백금을 주고 그 기술을 사겠다고 제안했다. 그들은 약을 만드는 비방만 전해줘도 백금을 준다는 말에 구미가 당겨 그에게 기술을 넘겨주었다. 나그네는 그 비방을 가지고 오나라의 왕을 찾아가 자신을 장군으로 임명해달라고 간청했다. 때마침 월나라가 군대를 일으켜 오나라로 쳐들어왔기에 오왕은 그를 전쟁에 내보냈다. 때는 추운 겨울이었고 양자강 유역에서 수전水戰을 벌이게 되었다. 오나라 장수는 손이 트지 않게 하는 약을 만들어 모든 병사들이 바르게 했고, 전력이 강해진 오나라는 월나라를 상대로 대승을 거두었다. 오왕은 승리를 거두고 돌아온 장군에게 땅을 하사하여 다스리게 했다.

장자는 이 일화를 두고 이렇게 말한다.

"똑같은 손이 트지 않는 약을 가지고 어떤 이는 그것으로 제후에 봉해지고, 어떤 이는 평생 빨래나 하는 일에서 벗어나지 못했다. 같은 물건이라도 그것을 사용하는 사람에 따라 그 쓰임새가 달라진다."

이처럼 발상을 전환할 수 있는 사람과 그렇지 않은 사람은 살아가는 모습이 극명하게 다르다. 똑같은 환경과 조건에서도 큰 스케일로 유연하게, 전혀 다른 시각으로 현실을 바라봄으로써 어제와 다른 오늘, 오늘과 다른 내일을 살아가며, 이를 통해 남다른 성공에 이른다.

3장

스케일이 큰 사람이
진짜 부자가 된다

"이 세상의 어떤 위대한 것도
위대한 사람이 없이는 이루어질 수 없고,
사람은 스스로 위대해지기로 작정했을 때 위대해진다."

—

샤를 드골

성공의 최대 법칙은
스케일을 키우는 것이다

미국의 심리학자이자 인문학자 에이브러햄 매슬로Abraham H. Maslow는 이렇게 말한다.

> 마음이 변하면 태도는 저절로 변하고, 태도가 달라지면 습관도 따라서 달라진다. 또 습관이 달라지면 성격이 바뀌고, 성격이 바뀌면 인생도 따라서 변화한다. 일이 순조로울 때는 감사하고, 힘들 때는 평온한 마음을 유지하며 진지하게 살아야 한다.

우리 주위에는 하는 일마다 실패만 하는 사람이 있다. 해도 해도 실패만 하는 그 사람에게 가장 큰 문제는 바로 '마음'이다. "사람은 마음먹기에 따라 행복하기도 하고, 불행하기도 하다"라고 말한 16세기 프랑스의 사상가 몽테뉴의 말이 성공과 실패에도 그대로 적용된다고 할 수 있다. 이는 같은 사실을 두고 어떻게 생각하느냐에 따라 긍정적인 결과로 해석할 수도 있고 부정적인 결과로 해석할 수도 있다는 체념적인 주장이 아니라, 얼마나 능동적이고 적극적으로 마음먹느냐에 따라 우리 삶이 성공에 도달할 수도 있고 실패로 끝날 수도 있음을 뜻한다. 실제로 늘 성공하는 사람은 성공만 생각하고, 실패하는 사람은 늘 실패만 생각한다.

세상에는 돈과 권력을 거머쥐고도 가난하고 불행하게 사는 사람이 많다. 그런가 하면 가난하고 절망적인 상황에서도 풍요롭고 행복하게 살아가는 사람이 있다. 삶을 풍요롭게 하는 것은 돈이나 권력이 아니라 마음이다. 마음이 풍요로우면 삶도 풍요로워진다.

한국 사회 전반에 나타나는 현상을 보면 이를 좀더 확연하게 알 수 있다. 불과 30~40년 전만 해도 한국인은 가난했지만 마음은 풍족했다. 어디를 가나 인정이 살아 있었고 사람 사는 냄새가 났다. 자살률도 이혼율도 높지 않았다. 생활은 곤궁했지만 마음에 여유가 있었기에 행복하게 살았다. 하지만 오늘날 한국 사회는 어떤가. 세계가 놀랄 만큼 경제성장을 이루었지만, OECD 국가 중에서 자살률 1위가 되었고, 이혼율은 1980년대보다 무려 열여덟 배나 증가했다. 그만큼 사람들이 고단하고 가혹한 삶에 지치고 절망하고 있으며, 마음이 피폐해지고 각박해졌기 때문이다. 이제 우리에게 필요한 것은 물질적 성장이 아니라 마음의 풍요다. 부유해져도 부를 제대로 누릴 수 없고, 삶이 더욱 힘겨워지는 것은 그만큼 마음의 여유를 잃었기 때문이다.

두 눈이 보이지 않는 캄캄한 암흑 속에서 말도 할 수 없는 답답함을 견디며 살아야 했던 헬렌 켈러의 환경은 풍요와는 거리가 멀었다. 그녀는 몹시 열악한 신체적 조건에서 평생을 살았지만, 정작 자신은 누구보다도 아름답고 풍요로운 삶을 살았으며 자신의 인생에서 행복하지 않은 날은 하루도 없었다고 고백한다. 그 이유는 무엇일까? 바로 마음이 아름답고 풍요로웠기 때문이다. 그녀의 말에서 우리는 인생의 진정한 행복이 무엇인지를 가늠해볼 수 있다. 바로 마음의 풍요가 행복을 좌우한다.

세상을 다 가져도 마음이 풍요롭지 못한 사람은 절대 행복한 삶을 살 수 없다. 프랑스의 황제 나폴레옹의 삶이 그랬다. 그는 헬렌 켈러 여사와는 정반대로 자신의 인생에서 행복했던 날은 고작 엿새도 되지 않는다고 고백했다. 코르시카 섬의 가난한 집안에서 태어난 그는 황제의 자리에 올라 전 유럽을 호령했지만, 그의 삶은 행복과는 거리가 멀었다. 풍요롭고 행복한 삶은 소유가 아니라 마음에서 비롯한다는 사실을 그는 알지 못했다.

『잠재의식의 힘』의 저자 조셉 머피Joseph Murphy 박사는 정신의 힘에 관한 세계적인 명저로 꼽히는 이 책에서, 생각을 바꾸면 운명을 바꿀 수 있으며 잠재의식을 활용하면 부자가 될 수 있다고 역설한다.

당신의 미래는 지금 당신의 마음속에 있으며, 그것은 당신의 습관적인 사고와 신념에 따라 결정된다. 무한한 지성이 당신을 이끌고 인도하고, 모든 좋은 것은 당신 것이며, 당신의 미래는 눈부신 것이라고 단언하라. 그것을 믿고 받아들여라. 최고의 것을 기대하면, 반드시 최고의 것이 당신에게 일어난다.

그의 말대로 우리가 마음속으로 최고의 것을 기대하고, 부와 성공과 행복에 대한 믿음으로 가득 차 있다면 미래의 삶도 그렇게 실현된다. 우리의 미래를 결정하는 것은 이미 우리 마음속에 있다. 우리 마음이 최고의 것으로 가득 차 있다면 우리의 삶도 그렇게 될 것이고, 저속한 것들로 채워져 있다면 저속한 삶을 벗어나지 못한다. 이것이 마음 혁명으로 삶의 스케일을 변화시키는 원리다.

만약 우리가 '지긋지긋한 가난이 싫다. 질렸다. 늙어서도 여전히 가난하면 어떡하지?'라며 두려움에 사로잡힌다면 실제로 가난을 평생 떨쳐낼 수 없다. '병에 걸리면 어떡하지? 일생을 건 사업이 파산하면 어떡하지?'라며 공포에 휩싸인다면 실제로 병에 시달리고 파산을 경험하게 된다는 사실을 명심해야 한다. 두려움과 불안과 싸워 이겨야 안락하고 행복하게 살 수 있다. 불안에 휩싸여 위축된 영혼은 자신감을 잃고, 역경을 딛고 일어설 힘을 잃는다. 결국 자포자기하여 무기력한 인간으로 전락하게 마련이다.

우리는 결국 우리가 걱정하는 대로 된다. 이 말을 꼭 명심해야 한다. 더 나은 미래를 향한 기대로 늘 충만해야 하는 이유가 바로 이것이다. 눈부신 미래를 기대하는 사람들은 눈이 반짝인다. 기대감이 힘을 불어넣기 때문이다. 아무리 뛰어난 능력이 있다 해도 좌절하고 절망하면 자기 능력을 100퍼센트 활용할 수 없다.

앞서 나는 우리 마음이 자석과 같다고 했다. 성공과 행복을 자주 생각하고 마음속으로 늘 상상하면, 그와 비슷한 성질의 것을 끌어당기는 힘이 저절로 생성된다. 그렇기에 우리는 가난과 불행과 질병을 걱정하고 두려워하기보다는 부와 행복과 건강에 집중하여 그것들을 기대하고 준비해야 한다. 실제로 우리의 마음은 자석과도 같다. 우리의 마음을 가득 채운 바로 그것이 세상이 제공하는 그것을 정확하게 끌어당긴다.

인간은 자신이 결심한 만큼 행복해진다고 했던 에이브러햄 링컨의 말처럼, 우리는 마음먹은 만큼만 행복해질 수 있다. 앞서 말했듯이 이 세상의 현실은 우리의 생각을 반사하는 거울에 불과하기 때문이다. 따라서 무엇보다 큰 스케일로 삶을 바라보는 자세가 필요하다. 어떤 사람은 행복과 동떨어져 살고 있다. 자신은 행복할 자격도 없고 행복할 조건도 갖추지 못했다면서 일상의 작은 기쁨과 행복마저 스스로 거부하고 고단한 세상에서 힘겹게 살아간다. 하지만 그의 행복을 가로막는 것은 행복의 조건이나 자격이 아니라 바로 그의 마음이다.

누구나 행복할 자격이 있다. 우리는 인간으로서 모든 권리와 유익함을 누릴 조건을 갖추고 태어났다. 따라서 두려움 없이 당당하게 행복해지겠다고 결심해야 한다. 더 많이, 더 크게 행복하겠다고 외쳐야 한다. 세상은 원래 우리 것이었던 행복을 우리가 작정한 만큼만 돌려준다. 또한 우리는 성공할 자질도 갖추고 태어났다. 누구나 성공할 수 있다. 하지만 우리의 성공을 가로막는 것은 부족한 재능이나 열정이 아니라 바로 우리의 약한 마음, 부정적인 마음, 자신감이 부족한 마음이다. 우리에게 주어진 절체절명의 과제는 마음을 혁명하는 일이다.

나는 엄청난 양의 자기계발서를 읽었다. 그 많은 책을 읽고 내린 결론은 단 한 가지였다.

"성공의 최대의 법칙은, 큰 스케일로 자기 삶을 바라보고 자신이 성공할 수 있다고 굳게 믿는 마음이다."

스케일이 큰 사람이
큰 꿈을 꾼다

큰 꿈은 우리의 피를 끓게 하고, 새벽에 눈이 번쩍 뜨이게 하고, 침대에서 뛰쳐나오게 하는, 가슴 떨리게 큰 목표이며 큰 열정이다.

작은 꿈을 꾸거나 평범한 목표를 세워서는 안 되는 이유가 바로 이것이다. 시시한 목표를 위해 누가 새벽에 침대에서 뛰쳐나오겠는가? 하찮은 꿈에 누가 가슴이 떨리겠는가? 그런 목표와 꿈은 차라리 품지 않는 편이 낫다.

스케일이 큰 꿈과 원대한 목표가 있는 사람들의 특징은 늘 배고프다는 것이다. 한국 축구를 세계 4강에 올려놓은 명장 히딩크 감독이 그랬고, 인류에게 IT 혁신을 가져다준 천재 스티브 잡스가 그랬다. 그들은 늘 배고팠다. 그들이 꾸는 꿈이 너무 크고, 그들이 세운 목표가 너무 원대해서 아무리 성공해도 여전히 부족했던 것이다.

스티브 잡스는 스탠퍼드 대학의 졸업식 연설에서 다음과 같은 말로 마지막을 장식했다.

여러분의 시간은 한정되어 있습니다. 다른 사람의 삶을 사느라 자신의 시간을 허비하지 마십시오. 과거의 통념, 다른 사람들이 생각한 결과에 맞춰 사는 함정에 빠지지 마십시오. 다른 사람들의 견해가 자기 내면의 목소리를 가리는 소음이 되게 하지 마십시오. 가장 중요한 것은 당신의 마음과 직관을 따라가는 용기입니다. 계속 갈망하고 계속 우직하게 밀고 나가세요 Stay hungry, Stay foolish!

이제 전설이 되어버린 그의 말대로, 그는 큰 목표를 세우고 큰 꿈을 끊임없이 갈망하며 자기 일을 우직하게 밀고 나갔다. 그는 애플에서 쫓겨나면서도 자신이 최선을 다했고 또다시 최선을 다할 것임을 밝히면서 이렇게 말했다.

내가 잘할 수 있는 일은 새로운 제품을 만드는 것입니다. 세상을 놀라게 하고 사람들의 삶을 변화시키는 혁신적인 제품을 만드는 일입니다. 절대 지금 끝난 게 아닙니다. 내게는 아직 할 일이 있습니다. 애플은 이제 나에게 맞지 않을 뿐입니다. 애플에서 보낸 10년은 내 삶에서 최고의 날들이었습니다. 후회는 없습니다.

그는 자신이 해야 하는 일이며 잘할 수 있는 일이 세상을 놀라게 하고 사람들의 삶을 변화시키는 혁신적인 제품을 만드는 일이라는 것을 잘 알고 있었다. 이것이 그의 꿈이며 목표였다. 이처럼 위대한 사명을 스스로 부여한 사람은 여전히 배고프고, 그렇기에 언제나 위대함을 갈망한다.

바로 이러한 원대한 목표와 꿈이 큰바람이 되어 구만리 하늘로 붕새를 띄울 수 있는 원동력이 되는 것이다. 윌리엄 셰익스피어에게도 스스로 잠재울 수 없는 위대함을 향한 갈망이 있었다. 그는 자기 내면에 '사그라지지 않는 갈망'이 있음을 고백했다. 이 사그라지지 않는 갈망이야말로 우리로 하여금 목표를 위해 전력을 기울이게 하는 원동력이다. 이러한 갈망이 끊임없이 솟아나게 하는 것이 바로 큰 꿈과 원대한 목표다.

이런 사실을 자신의 삶을 통해 보여준 사람이 있다. 미국의 저명한 심리학자로, 최고의 강사로 평가받았던 심리학 박사 데니스 웨이틀리 Denis Waitley다. 그는 자기 삶을 지탱하는 에너지의 원천이 바로 목표라고 했다.

그에게도 무명 시절이 있었다. 아무도 알아주지 않았고, 과연 성공할 수 있을지, 잘해낼 수 있을지 스스로 의문을 품었다. 그러나 그는 미국에서 제일가는 성공학 권위자가 되겠다는 목표를 세웠다.

그는 대중 앞에 서서 연설하는 것에 자신감도 경험도 재주도 없었지만, '미국에서 제일가는 성공학의 권위자가 되겠다'는 목표를 떠올릴 때마다 도전할 힘과 용기를 얻었다. 이 목표를 부적처럼 늘 가슴에 품고 다녔던 그는 작고 미약한 것일지라도 실천하고 노력하면서 목표를 향해 한 걸음씩 앞으로 나아가기로 작정했다. 먼저 그는 성공학 이론을 차근차근 공부했다. 그리고 이 분야에서 성공한 여러 강사의 강연 스타일과 내용, 퍼포먼스 등을 관찰하고 연구했다. 그러고 나서 그는 비로소 연설문을 작성하여 혼자 연습하고 또 연습하면서 완전히 외워버렸다. 그리고 가족과 친구들 앞에서 여러 차례 시연하면서 자신감이 생기자, 로터리 클럽 등을 돌면서 여러 사람 앞에서 강연하는 훈련을 거듭했다. 그렇게 수백 번 강의를 계속하다보니 어느 순간 그는 미국에서 가장 많은 강연료를 받는 최고의 강사가 되어 있었다.

그의 사례는 크게 꿈꾸고 원대한 목표를 세우는 일이 얼마나 중요한지를 말해준다.

괴테는 "꿈을 작게 꾸지 마라. 작은 꿈은 사람들의 마음을 움직이는 힘이 없다"라고 말했다. 그의 말처럼 큰 꿈을 꾸었기에 천지개벽이 일어난 곳이 있다. 그곳은 바로 섭씨 40~50도를 오르내리는 뜨거운 사막 한가운데에 있는 도시 두바이다. 이곳에는 세계에서 가장 높은 빌딩이 있고, 사막 한가운데 스키장이 있고, 서울 면적 절반 크기의 어마어마한 테마파크가 있고, 세계에서 단지 두 곳뿐이라는 칠성급 호텔 버즈 알 아랍 호텔이 있고, 환상적인 인공 섬 팜 아일랜드가 있다. 이런 장관을 즐기러 전 세계 부자들과 여행객들이 지금도 사막 한가운데로 몰려들고 있다.

'두바이'는 아랍어로 '메뚜기 떼로 황폐해진 땅'이라는 뜻이다. 그 이름이 말해주듯이 불과 20년 전만 해도 아무도 거들떠보지 않던 사막 도시가 지금은 전 세계인이 선망하는 별천지가 되었다. 두바이를 찾는 외국인 관광객이 2010년에는 1000만에 육박했고, 2017년에는 1580만 명, 2020년에는 2000만 명으로 늘어날 것이라고 한다.

이러한 엄청난 성과를 이루게 한 원동력은 무엇이었을까? 그것은 지도자 셰이크 모하메드의 스케일이 큰 꿈과 지도력 덕분이었다. 셰이크 모하메드는 절대로 부정적인 말을 하지 않는 것으로 유명하다.

땡볕만 내리쬐던 황무지를 환상적인 도시로 탈바꿈시킨 것은 바로 원대한 꿈이었다는 사실을 선언하듯, 이곳에서 가장 넓고 긴 도로인 셰이크 자이드 길에는 다음과 같은 글이 적힌 대형 현수막에 걸려 있다.

꿈에는 한계가 없다. 마음껏 꿈꾸어라.

언젠가 전설적인 선박왕 헨리 카이저가 성공의 비결이 무엇이냐는 질문을 받자 서슴없이 다음과 같이 대답했다고 한다.

평생 이루고 싶은 가장 큰 소원이 무엇인지 생각하십

시오. 그리고 당신의 목표와 그 목표를 이루기 위한 계획을 글로 쓰는 겁니다.

그의 말처럼 글로 쓰든 안 쓰든 가장 중요한 성공의 비결은, 평생 이루고 싶은 가장 큰 꿈이 있어야 한다는 점이다.

스케일이 관건이다. 누구나 자신이 꾸는 꿈보다 더 큰 것을 성취할 수는 없기 때문이다. 우리가 꾸는 꿈의 크기가 곧 우리 자신의 크기이며 삶의 크기다. 꿈이 커질수록 생각과 행동도 그에 비례하여 커지며 인간 자체가 달라진다. 스케일이 큰 꿈을 꾸면 자신에 대한 기대치도 달라진다. 기대치가 달라지면 태도가 달라질 수밖에 없다. 태도가 달라지면 행동이 달라지고, 그것이 축적되면 습관이 된다. 좋은 습관은 우리의 인생을 바꾸어놓는 위력이 있다.

미국의 심리학자이며 철학자인 윌리엄 제임스William James는 "우리의 주의를 끄는 것이 우리의 행위를 결정한다"고 말했다. 스케일이 작은 꿈은 우리의 주의를 끌 수 없다. 우리를 열정으로 들뜨게 하고, 온종일 우리를 사로잡을 수 있는 것은 큰 꿈이다. 그 결과 우리의 모든 행위는 우리가 꾸는 큰 꿈에 집중된다. 온종일 하나의 일에 집중한다는 것은 대단한 일이다. 그것은 매우 어렵고 힘겹고 비범한 일이기에 그렇게 할 수 있는 사람은 반드시 그 일을 이룰 수 있다. 스케일이 큰 꿈은 이런 일이 가능하게 한다.

몽테뉴의 표현대로 인생의 참된 가치는 얼마나 길고 짧게 사느냐에 달린 것이 아니라, 우리가 인생을 얼마나 활용하느냐에 달렸다. 그렇기에 오래 살았다고 해서, 심지어 큰 성공을 거두었다고 해서 가치 있는 인생을 살았다고 말할 수는 없다. 인생의 참된 가치는 얼마나 큰 꿈을 꾸고 그 꿈을 향해 흔들림 없이 전진해 나아가느냐에 달렸다. 스케일이 큰 사람은 작은 시련이나 역경에 흔들리지 않고, 작은 실패 때문에 그 꿈을 포기하지도 않는다.

미국 스탠퍼드 대학 경영학 교수이며『좋은 기업을 넘어 위대한 기업으로』의 저자인 짐 콜린스Jim Collins는 우리가 왜 큰 꿈을 꾸어야 하는지를 명료하게 설명한다. 그저 '좋은 것'에 만족한다면 위대해질 수 없기 때문이다. 좋은 학교, 좋은 교사, 좋은 인생, 좋은 작가, 좋은 나라, 좋은 회사, 좋은 화가, 좋은 배우, 좋은 책은 차고 넘치지만, 진정으로 스케일이 큰 위대한 학교, 위대한 교사, 위대한 인생, 위대한 작가, 위대한 나라, 위대한 회사, 위대한 배우, 위대한 책은 찾아보기 어렵다. 좋은 것에 만족해버리는 결정적인 이유는 꿈이 위대하거나 스케일이 크지 않기 때문이다. 애초부터 꿈의 스케일이 크지 않은 사람이 맞닥뜨리는 최대의 위험은 '좋은' 성공, 작은 성공에 만족하여 '이 정도면 됐다' 하며 안주하는 것이다. 하지만 꿈의 스케일이 큰 사람은 남들이 보기에 이미 성공한 것 같아도 계속 '배고플' 수밖에 없다. 설정한 목표의 수준이 다르고 꿈의 크기가 다르기 때문이다.

꿈의 크기에 따라 그 꿈을 이루기 위해 기울이는 노력의 양과 질도 달라진다. 큰 꿈을 꾸는 사람은 남보다 더 많은 노력을 기울여야 한다. 짐 콜린스는 이에 대해 다음과 같이 말했다.

위대함을 이루기 위해 진정으로 필요한 것은 단순함과 근면이다. 거기에는 순간적인 반짝임이 아니라 명료함이 필요하다. 그것은 우리로 하여금 가장 중요한 것에 집중하고, 주의를 흩뜨리는 비본질적인 모든 것을 제거하라고 요구한다.

그렇다. 큰 꿈을 꾸는 자는 '선택과 집중'을 키워드로 삼아 자신이 선택한 가장 중요한 한 가지 목표에 집중하고, 본질에서 벗어난 모든 소모적인 것을 제거한다. 이처럼 스케일이 큰 꿈을 꾸면 쓸데없는 일에 현혹되지 않고 에너지가 분산되지 않도록 조심한다. 위대한 업적을 이룬 사람치고 여기저기 기웃거리면서 모든 분야에서 최고가 된 사람은 없다.

부유한 생각이
진정한 부를 만든다

자, 한 가지 생각해보자. 생각만 바꾸면 풍요로운 삶을 살 수 있을까? 생각만 바꾼다고 해서 가난한 사람이 갑자기 부자가 될 수 있을까? 이 질문에 나는 확실하게 '그렇다'고 대답할 수 있다. 아니, 부자보다 훨씬 더 나은 존재가 될 수 있다고 믿는다.

세상의 모든 부는 사실상 우리의 생각에서 창조되었다는 사실을 아는가? 이러한 사실을 가장 명료하게 설명한 책 『온! 리치』에서 저자인 폴 매케나는 부자와 빈자를 가르는 것은 바로 생각의 차이라고 단호하게 말한다. 다시 말해, 부자들이 부자가 되고 가난한 사람들이 가난하게 살아가는 이유는 그들이 돈이 많거나 적어서가 아니라 사고방식의 차이 때문이라는 것이다.

우리는 통장의 잔액이 넉넉해야 부자라고 생각하지만, 그는 조금

다른 시각으로 부자를 정의한다. 그는 영국의 버진Virgin 그룹 CEO인 리처드 브랜슨을 비롯해 여러 명의 백만장자를 인터뷰한 내용을 「부의 6단계 원칙」이라는 제목의 글로 써서 영국의 일간지 『더 타임스』에 기고했고, 이 글은 대단히 화제가 되었다. 이 글을 읽고 수억 원을 벌어 빚더미에서 벗어난 사람도 있다고 전해진다. 하지만 많은 돈을 벌어 물질적인 가난에서 벗어나는 것보다, 그가 제시한 부유한 사고방식이 진정한 자유를 경험하게 해주므로 그 글은 높은 가치가 있었다. 그는 '가치 있는 삶을 사는 사람이 부자'라고 정의하면서, 예를 들어 원래 쓸모없고 처치 곤란한 쓰레기에 불과하여 아무도 거들떠보지 않았던 석유를 에너지 원료로 거듭나게 하고 세상에서 가장 중요한 자원 상품의 하나가 되게 한 사람은, 그의 생각을 통해 가치를 창출했고 자신의 삶 역시 가치 있는 것이 되게 했다고 말한다.

부유한 사고를 하는 사람들은 통장 잔액과 상관없이 부자다. 그들이 부자가 되게 하는 것은 현재의 통장 잔액이 아니기 때문이다. 그들은 항시적으로 가능성을 모색하고, 부자로서 존재하는 그들만의 방식으로 살아가기에 언제나 부자다. 그들은 설령 통장이 비어 있거나 잠시 돈이 없더라도 그런 상황이 오래가지 않는다. 그들은 어떻게든 인생에서 진정으로 원하는 일을 찾아내고, 원하는 것을 성취하고, 부를 형성하는 사고방식과 행동 원칙을 내재화하고 있기 때문이다.

반면에 가난한 사고를 하는 사람들은 지금 대단한 저택에서 호화롭게 산다 해도 진정한 부자가 아니며 그들의 부는 곧 사라진다. 그들은 부자의 의식이 아니라 빈자의 의식으로 살아가기 때문이다. 로또에 당첨되어 엄청난 돈을 받은 사람들이 불과 몇 년 만에 빈털터리가 되어 불행하게 살아가는 것도 그들은 부자로서 생각하는 능력이 없기 때문이다. 가난한 사람들의 의식은 늘 미래에 대한 두려움과 주변 사람들에 대한 불신으로 가득 차 있다. 그들은 자기가 가진 돈이 어느 순간 모두 사라질 수도 있고, 또 그래도 괜찮다는 사실을 모르기에, 가진 것을 지키고 더 많이 빼앗기 위해 끊임없이 마음 졸이며 아등바등 살아간다. 따라서 그들은 통장에 많은 돈이 있어도 마음에 여유가 없다.

매케나는 부유한 사고를 하기 위해 교육을 많이 받거나 재능을 타고날 필요는 없다고 말한다. 부자들은 돈을 버는 것이 초자연적 힘의 작용이나 우주의 보답이 아니라 저글링이나 자전거 타기처럼 단순히 습득된 기술의 결과라고 생각한다.

억만장자 리처드 브랜슨이나 친환경 제품 전문 기업 보디숍Body Shop의 창업자 애니타 로딕은 가진 돈을 모두 잃더라도 짧은 시간에 되찾는 놀라운 능력을 보여주었다. 세계적인 부자로 손꼽히는 도널드 트럼프는 한때 10억 달러, 즉 한화로 1조 1천억 원이 넘는 빚을 진 적이 있었다. 한마디로 세계에서 가장 가난한 사람이 되었던 셈이다. 그는 그 엄청난 빚을 지고도 자신이 생각하는 수준의 생활을 영위할 수 있게 은행이 도와주어야 한다며 한 달에 수십만 달러에 이르는 수당과 자가용 제트기 이용권을 요구했다. 그리고 1년 만에 빚을 모두 청산했다. 부유한 사고를 하는 그들에게서 돈을 빼앗을 수는 있지만 돈 버는 능력을 빼앗을 수는 없다.

이처럼 우리를 진정 부자로 만들어주는 것은 돈이 아니라 바로 우리의 생각이다. 다시 말해 지금까지의 생각을 혁신적으로 바꾸는 것이 성공의 첫걸음이다. 우리가 가난하게 살아가는 이유는 열심히 일하지 않았기 때문이 아니라, 우리가 가난한 사고를 하고 있기 때문이다.

억만장자 출판 사업가인 포브스는 "이 새로운 시대에 부와 자본의 진정한 원천은 물질이 아니다. 인간의 마음, 인간의 정신, 인간의 상상력, 그리고 미래에 대한 인간의 믿음이다"라고 역설했다. 즉 부의 원천은 바로 우리의 생각에 있다. 이는 어느 미심쩍은 몽상가의 주장이 아니라 세계적인 부호들의 공통된 주장이라는 점에서 설득력이 있다. 부자들은 무엇보다도 생각의 힘을 믿는다. 자신을 세계적인 부자로 만들어준 것은 바로 생각의 힘이라는 것을 실제로 경험했기 때문이다.

성공에 이르는 첫번째 열쇠는 부가 어딘가 멀리 떨어진 곳에 있는 것이 아니라 우리 마음속, 우리가 지금 앉아 있는 바로 이곳에서 발굴되기를 기다리고 있다는 사실을 깨닫는 것이다.

매케나의 말대로 누구는 부자로 살고 누구는 가난하게 사는 것이 부유한 사고와 가난한 사고의 차이 때문이라면, 부와 성공은 역시 우리 마음에서 시작되고, 그 마음의 차이가 결국 부의 차이를 만들어내는 셈이다. 다시 말해 돈에 대한 시각이 돈을 끌어당기기도 하고 밀쳐내기도 한다는 것이다.

이는 우리가 앞서 언급했던 가치 귀착의 문제와 상통한다. 자신에 대한 가치 귀착으로 삶이 달라지듯, 돈에 대한 가치 귀착에 따라 많은 돈을 소유할 수도 있고 빈털터리가 될 수도 있다는 뜻이다. 그렇다면 결론은 명백하다. 부자의 삶, 성공한 삶을 살겠다면, 지금까지 부를 바라보던 시각과 부자들에 대해 품었던 생각을 점검하고 새롭게 설정해야 한다. 먼저 자신이 많은 돈을 벌고 부자가 될 자격과 가치가 충분히 있다고 스스로 인정해야 한다. 그리고 돈은 악의 근원이 아니라 자유를 얻는 데 절대적으로 필요한 도구이고, 노예처럼 일하지 않고도 살아갈 수 있게 해주는 수단이라는 생각을 확고히 다져야 한다.

그리고 만약 그동안 돈을 사람의 가치를 평가하는 기준으로 삼고 있었다면, 이런 잘못된 가치 귀착에서 어서 벗어나야 한다. 돈을 수단이 아니라 기준으로 삼는 사람은 절대로 부유해질 수 없다. 수단의 지배를 받는 주인이 어떻게 그 수단을 마음대로 활용하여 원하는 것을 얻을 수 있겠는가?

부자들은 생각의 스케일이 보통 사람보다 훨씬 크다. 그래서 그들은 과감하게 행동하고 위험을 즐기며, 위험조차 관리해야 할 항목 정도로 생각한다. 마치 노련한 수영 선수가 상어와 함께 수영하면서도 잡아먹히지 않는 것처럼, 늘 위험을 안고 살아가지만 절대로 헤어나지 못할 정도나 회복하지 못할 정도로 파산하지 않는다.

부자가 되느냐 되지 못하느냐는 오롯이 생각의 크기와 질에 달렸다. 틀에 박힌 생각, 스케일이 작은 생각을 하고 있다면 아무리 현재 수

입이 많더라도 끝내 부자가 될 수는 없다. 이와 반대로 생각의 스케일이 크고 유연하며 창조적이고 기발하며 독특하다면, 현재 가난하다 해도 머지않아 부자가 될 수 있다.

생각은 오롯이 선택의 문제이다. 문제는 우리가 부자의 사고를 스스로 거부한다는 데 있다. 스케일이 큰 생각은 우리를 불편하게 하기 때문이다. 큰 생각은 우리가 현재의 삶에서 느끼는 안정감을 흔들고, 마음을 불안하게 한다. 결국 우리를 성장하게 하는 것은 이 '불편함'이라는 것을 잘 알고 있으면서도 우리는 그것을 피해 달아나 결과적으로 스케일이 작은 삶에 안주하며 살아간다.

부자들이 특징으로 보여주는 남다른 태도, 행동, 끈기, 인내, 냉철함, 열정, 창조성은 모두 부유한 사고에서 비롯한다. 부유하게 사고하지 못하는 사람은 아무리 열심히 일해도 본질을 꿰뚫어보지 못하기에 소모적인 일로 하루를 채우기를 반복한다. 하지만 부유하게 사고하는 사람들은 스케일이 크고 본질적이고 핵심적인 일만 하기에, 적게 일하지만 큰 성과를 얻는다.

스티브 잡스는 "나는 지금도 역경을 딛고 성공한 위대한 인물들의 이야기를 즐겨 읽는다. 그들의 삶과 생각에는 무언가 특별한 것이 있기 때문이다"라고 말했다. 그리고 그 '특별한 것'이 창의적인 생각, 놀라운 직관력, 열정적인 실천력이라고 덧붙였다. 이 세 가지 중에서 가장 중요한 것은 창의적인 생각이다. 창의적인 생각은 큰 스케일에서 나오지만,

문제는 대부분의 사람들이 큰 스케일로 생각하기를 두려워하고 꺼린다는 데 있다.

개인 간 능력의 차이는 다섯 배를 넘지 못한다. 하지만 생각의 차이는 백 배, 천 배를 쉽게 넘는다. 이 차이가 바로 연봉 3000만 원과 연봉 3억, 3조 원의 차이로 드러난다. 연봉의 차이를 결정짓는 것은 능력의 차이가 아니라, 풀기 어려운 문제를 해결하는 크고 창의적이고 유연한 생각이다.

부자는
결단력이 남다르다

아주 먼 은하계, 오래전에는 '제다이'였지만 이제 어둠의 무리 쪽으로 넘어가 '다스 베이더'가 된 아버지 아나킨의 흔적을 추적하는 루크 스카이워커는 예비 제다이 훈련 프로그램인 다고바 시스템에 따라 고된 훈련을 받는다. 영화 「스타워즈」의 줄거리다.

스승 요다는 그에게 오로지 생각의 힘만으로 우주선을 들어 올리라는 과제를 부여한다. 그러나 스카이워커는 차마 엄두를 내지 못하고 스승에게 호소한다.

"스승님, 저의 힘으로 돌멩이 하나는 들어 올리겠지만, 우주선을 들어 올리라니…… 너무 어렵습니다."

그러나 스승이 요지부동이자 스카이워커가 다시 말한다.

"알겠어요. 한번 해보겠습니다."

그러자 스승 요다가 말한다.

"한번 해보지 마라. 하거나 하지 않을 뿐이다. 해보는 것은 없다."

유명 스포츠 브랜드 나이키의 광고 문구 '저스트 두 잇Just Do It!' 역시 스승 요다의 생각을 그대로 반영한다. 목표가 있다면 그것을 할 뿐 '한번 해본다'라는 생각은 어리석다. 목표에 도달한다는 확신도 없이 그저 한번 해본다고 생각해서는 아무것도 할 수 없다. 어떤 사람들은 선거 때 이런 생각을 품는다. 내가 던지는 한 표는 바다에 떨어지는 물 한 방울과 같으니 투표해봐야 아무 소용도 없다고 생각한다. 물론 선거 결과는 한 사람에게 달려 있지는 않다. 모든 사람에게 달려 있다. 그러나 누구나 그렇게 생각한다면 아무도 투표하러 가지 않을 것이다.

그리스의 위대한 스토아 철학자 에픽테토스가 말했듯이, 세상에는 우리에게 달린 것이 있고 그렇지 않은 것이 있다. 그는 말한다. "하라!" 어떤 변명도 구실도 달지 말고 하라는 것이다.

"올림픽에서 승리하고 싶은가? 나도 그렇다. 신들이 그렇게 해주실 것이다!"

경기에서의 승리는 선거에서의 승리와 마찬가지로 우리에게 달린 것이 아니다. 얼마나 노력했든 간에 우리는 언제든지 패배의 고배를 마시고 상처받을 수 있다. 우리보다 더 강한 상대를 맞을 수도 있고, 경기 당일에 몸 상태가 몹시 나쁠 수도 있다. 그러나 중요한 것은, 우리가 해야 할 일을 하고 후회하지 않는 것이다. 운동선수는 언제든 경기에서 질 수 있다. 그래서 승리가 아름다운 것이다. 사르트르가 말했듯이 "성공은 단지 가능성이어야 한다. 다시 말해, 가는 길이 몹시 험난하고 예상하지 못한 장애가 많아 인간이 극복할 수 없을 때 우리의 대응을 비로소 행동이라고 부를 수 있다".

승리와 성공은 언제나 '무언가에 대한' 승리이고 성공이다. 극복해야 할 장애가 없다면, 대면해야 할 진정한 어려움이 없다면 승리도 성공도 없다. 실패가 가능할 때만이 진정한 장애가 있는 것이다.

이런 장애 앞에서 우리에게 필요한 것은 무엇일까? 우리가 눈앞에 보이는 고난 앞에서 망설이지 않고 과감하게 뛰어들게 하는 것은 무엇일까? 그것은 바로 '결단력'과 '추진력'이라는 두 가지 힘과 에너지다.

5년 동안 세계 정상급 예술가들과 운동선수들, 그리고 학자들의 성공 비결을 조사한 스티븐 쉬프만Stephen Schiffman은 『점심 전에 시작하라』라는 책에서 그것은 뛰어난 재능이 아니라 결단력과 추진력이라고 말한다. 시카고 대학의 교육학 교수 벤저민 블룸은 이렇게 설명한다.

> 선천적 재능이 관건이라고 예상했습니다. 그런데 놀랍게도 그런 요소는 전혀 발견할 수 없었습니다. 그들의 어머니는 입을 모아 오히려 다른 형제의 재능이 훨씬 더 뛰어났다고 말했습니다. 뛰어난 수학자들은 학창 시절에 종종 학교에서 문제를 일으켰고, 학급에서 1등을 해본 적도 없었습니다.

조사에서는 피아니스트가 되고 싶다는 목표를 달성하기 위해 매일 열 시간씩 연습했던 아이를 포함하여, 무서운 추진력과 헌신적인 노력을 기울인 수많은 사람들의 사례를 연구하고 분석했다. 예를 들어 올림픽 대표 선수로 선발되기 위해 새벽 다섯 시 반에 일어나 학교에 가기 전 두 시간, 그리고 학교에서 돌아와 두 시간을 하루도 빠짐없이 연습한 수영 선수의 사례뿐 아니라 그 밖의 많은 사람을 조사한 결과, 바로 결단력과 지속적인 추진력이 성공의 비결임을 확인했다.

여기서 한 가지 주의해야 할 점은, 많은 사람이 '열심히 노력하는 것과 성공은 비례하지 않는다'라고 생각하며, 또 그런 생각에 동의하는 많은 자기계발서가 있는 점이다. 하지만 이는 겉모습만 보고 너무 쉽게 판단하는 오류를 범하는 경우다. 앞서 개구리 알의 부화를 이야기했지만, 수천 번의 시도와 노력 끝에 단지 몇 십 마리만이 살아남는다 해도 개구리는 절대 후회하거나 낙심하지 않는다. 만약 그렇다면 왜 개구리는 거의 모든 알이 희생될 것을 알면서도 매년 그토록 많은 알을 낳겠는가? 우리는 개구리를 본받아야 한다. 실패가 두려워 시도조차 하지 않는 것만큼 어리석은 짓은 없다. 헛수고가 될까봐 시도하기 두렵고 노력하기가 망설여진다면, 그것은 잘못된 판단이며 잘못된 생각이다.

위대한 예술가들은 버리는 것을 두려워하지 않는다. 그렇게 수백, 수천 점의 작품을 버리고 나서 최고의 작품 하나를 만들어낸다. 낭만파 시대의 독일 음악가인 작곡가 요하네스 브람스는 이 사실을 잘 알고 있었음이 틀림없다. 그는 예술가의 수준을 가늠하는 기준이 "얼마나 많은 시도를 했고, 얼마나 많은 실패를 했으며, 얼마나 많이 버렸느냐"에 있다고 말한 바 있다.

"어떤 일이 어려워서 과감히 시도하지 못하는 것이 아니라, 과감히 시도하지 않기에 그것이 어려운 것이다"라는 명언을 남긴 고대 로마의 스토아 철학자 세네카도 과감하게 추진하고 시도하는 것이 매우 중요하다는 사실을 잘 알고 있었다.

이런 사실을 토대로 우리가 배워야 할 것이 하나 있다. 무언가를 실행하고 추진하려 할 때 우리를 방해하는 적이 반드시 있다는 사실이다. 그 적은 바로 우리 자신이다. 우리 내면의 욕심과 집착, 그리고 실패에 대한 두려움이 우리로 하여금 도전도 결단도 추진도 하지 못하게 한다.

'필사즉생 필생즉사必死則生 必生則死'라고 했듯이 성공하려면 성공하려 해서는 안 된다. 단지 목표를 세우고 열심히 추진하되, 성공이나 결과에 집착하거나 욕심내고 조바심 내서는 안 된다는 것이다. 마음을 비우고 그저 추진하고 결단할 때 성공은 저절로 따라온다.

자연의 법칙에 순응하는 개구리는 결코 종족 번식을 위해 집착하거나 욕심내지 않는다. 빈 들에 핀 잡초와 들꽃도 마찬가지다. 그들은 그저 자신에게 부여된 방식에 따라 자연이 세운 거대한 계획을 추진하고, 한순간의 의심이나 동요도 없이 생존하고 성장하고 번식한다.

우리가 자연을 통해 배워야 할 것은 바로 이런 지혜다. 인간을 제외한 자연계의 모든 생물들이 두려움도 욕심도 집착도 없이 그저 도전하고 실행하고 추진한다. 우리의 결단력이 약해지는 이유는, 더 큰 것에 대한 욕심 때문에 지금 하고자 하는 일에 오롯이 집중하지 못하고, 지금 시도하는 일이 실패할까봐 두려워 과감하게 행동하지 못하는 것이다. 따라서 이런 마음을 모두 내려놓고 그저 추진하고 도전하고 결단하고 실천하는 지혜가 필요하다.

세상에서 가장 강한 사람은 욕심도 두려움도 없는 사람, 인간적으로나 사회적으로나 물질적으로나 정신적으로나 스케일이 큰 사람이다. 스케일이 클수록 결단력이 남다르다.

궁즉변, 변즉통, 통즉구

지금으로부터 약 3000년 전에 쓰인 『주역』에 다음과 같은 글이 있다.

궁즉변, 변즉통, 통즉구窮卽變, 變卽通, 通卽久

공자가 통찰을 얻기 위해, 책을 묶은 끈이 일곱 번이나 끊어질 정도로 열심히 읽었다는 『주역』의 「계사전繫辭傳」에 나오는 말이다. 이 말을 풀어보면, '궁하고 막히면 변하게 되고, 변하면 통하게 되고, 통하면 오래 갈 것이다'라는 의미이다. 『주역』에서는 이 말의 의미를 다음과 같이 설명한다.

달이 차면 이지러지고, 해가 중천에 이르면 기울게 되는데 사물의 이치야 말해 무엇하겠는가? 그것이 다함에도 변하지 않으면 소멸할 것이요, 막혔다고 여겨지던 것이 변화하여 그것이 서로 통하게 하면 영원할 것이다.

그렇다. 우리를 둘러싼 환경의 이치가, 차면 기울고 모자라면 다시 채워지듯이 항상 변화하는데, 그 변화의 중심에 있는 우리가 어찌 변하지 않을 수 있겠는가.

그러나 우리 인간은 천성이 게으르고 변화를 싫어하여 언제나 편하고 쉬운 길만을 택하려 한다. 그래서 똑같은 능력과 소질이 있는 두 사람이 각각 좋은 환경과 나쁜 환경에서 살아갈 때 전혀 다른 인생이 펼쳐진다. 여기서 말하는 좋은 환경이란, 안락하고 편안하고 풍요로운 환경이 아니라 자기 내면에서 잠자는 무한한 잠재력을 일깨우게 하는 환경을 말한다. 그렇다면 무한한 잠재력을 일깨우는 환경은 어떤 것일까? 바로 시련과 역경의 장애를 넘어야 하는 환경이다. 이런 환경에서 살아가는 것을 행운이라고 할 수 있을까?

인간은 풍요롭고 넘치는 가운데에서 힘이 생기는 것이 아니라, 궁하고 막막하여 막다른 골목에 이르렀을 때 비로소 무궁무진한 잠재력을 발휘한다. 잠들어 있던 거대한 잠재력이 깨어나 자신만의 신화로 탄생하는 것이다.

이 글은 여현덕이 쓴 『나를 뛰어넘는 도전』의 서문 일부다. 이 글이 마음에 와 닿아서 독서 노트에 이 문장을 그대로 옮겨 쓴 적이 있다. 그가 말하듯이 인간은 풍요롭고 넘칠 때 힘이 생겨나는 것이 아니라, 궁하고 막막하게 막다른 골목으로 몰렸을 때 비로소 무궁무진한 잠재력을 발휘한다.

그런 점에서 특히 오늘날 한국의 일부 부유한 부모들이 무조건 물질적으로 베풀기만 하면서 자녀를 사랑하는 방식은 뭔가 잘못된 것이 아닌가 하는 생각이 때로 들기도 한다.

대단한 모험가이자 노벨문학상 수상 작가인 어니스트 헤밍웨이는, 언젠가 작가에게 가장 좋은 초기 교육이 무엇이냐는 질문을 받았다. 그러자 그는 기다렸다는 듯이 "불행한 유년 시절이지요"라고 대답했다. 유년 시절을 불행하게 보내는 것만큼 작가에게 좋은 자산은 없다는 것이다.

우리는 실패해봐야 성공의 진정한 의미를 깨닫고, 궁색해봐야 풍요의 소중한 가치를 알 수 있다. 동서양 모든 문화권의 영웅담이 어린 시절에 온갖 고난을 겪은 영웅이 훗날 진정한 지도자가 된다는 이야기를 담고 있는 것도 그런 까닭일 것이다.

맹자도 하늘이 큰 임무를 맡기고자 하는 사람에게는 먼저 그의 마음을 괴롭힌다고 말했다. 『맹자』의 「고자告子」 장에는 이런 대목이 나온다.

하늘이 장차 누군가에게 큰일을 맡기려고 할 때에는 반드시 먼저 그 마음과 뜻을 괴롭게 하고 근육과 뼈를 깎는 고통을 주고 그 생활은 빈곤에 빠뜨리고 하는 일마다 어지럽게 한다. 그 이유는 마음을 흔들어 참을성을 기르게 하기 위함이며 지금까지 할 수 없었던 일을 할 수 있게 하기 위함이다.

그렇다. 중요한 것은 내게 주어진 환경이 아니라 마음이다. 역경을 이겨낼 수 있는 강한 힘은 마음에서 나온다. 더욱이 우리가 큰 삶을 살고자 한다면, 무엇보다도 먼저 마음을 개혁하고 생각의 스케일을 바꿔야 한다. 큰 생각은 큰마음에서 나온다.

예전에 우리나라가 전쟁의 폐허와 가난을 딛고 나라를 다시 일으켜 세워야 했던 시절, 라면을 먹으면서도 죽기 살기로 훈련한 선수들이 세계 챔피언이 되었고, 시골 출신 수재들이 '개천에서 용 났다'라는 소리를 들을 만큼 크게 성공한 일이 많았다. 바로 '궁즉변, 변즉통, 통즉구'의 이치가 현실적으로 적용되었던 사례가 아니었나 싶다.

이것은 바로 '헝그리 정신'과 일맥상통하며, 병법에서 말하는 '배수진背水陣'과 같은 이치이다. 배수진은 사마천의 역작 『사기』의 「회음후열전淮陰侯列傳」에 나오는 일화다.

한나라 유방劉邦이 제위에 오르기 2년 전, 명장 한신韓信이 겨우 수만 명의 지친 병사들을 이끌고 조나라 군대와 싸워 성채를 빼앗고 승리할 때 사용했던 전법이 바로 배수진이다. 이때 한신의 병사들은 위나라와 싸움을 끝낸 직후여서 몹시 지쳐 있었다. 게다가 조나라 군대는 20만

명이나 되는 대군이었다.

이 전투에서 한신은 조나라가 쌓은 성채 바로 뒤편에 병사 2000명을 매복시키고, 나중에 전투가 한창일 때 그들이 성채를 함락하도록 했다. 그리고 나머지 병사 1만 명으로 하여금 강을 등지고 진을 치게 했다. 이러한 광경을 보고 조나라 군사들은 크게 비웃었다. 싸우다 불리해지면 도망갈 수 있는 퇴로가 확보된 곳에 진을 치는 것이 병법의 기본이기 때문이었다. 하지만 한신은 당시에 누구도 상상할 수 없는 매우 혁신적인 전술을 구사했던 것이다. 혁신적인 아이디어는 언제나 처음에는 비웃음을 사지만, 세월이 흐르면서 결국 누구나 당연히 따르는 생각이 된다.

한신의 군사들은 배수진을 침으로써 조나라 군대와 필사적으로 싸울 수밖에 없었고, 결사적인 항전에 잔뜩 겁을 먹은 조나라 군대는 견디지 못하고 성채로 돌아갔다. 그러나 그들의 성채는 이미 빼앗겨 적의 수중에 들어간 뒤였다.

이처럼 배수진은 상대보다 힘이 약하고 상황과 여건이 불리할 때 최후의 방편으로 사용하는 극약 처방인 셈이다. 궁지에 몰렸을 때 목숨을 걸고 배수진을 치는 결연한 마음가짐이 없다면, 변하여 통하고 그것이 오래갈 수 없는 것은 당연하다.

밀림의 황제인 사자나 호랑이도 작은 사슴 새끼를 잡을 때조차도 젖 먹던 힘까지 짜내 최선을 다한다. 그렇게 해도 성공률은 20퍼센트밖에 되지 않는다.

혹독한 환경에서 아름다운 꽃이 피어난다.

내가 직장에 다니던 시절에 모시던 상사 한 분은 집에서 난을 키우셨다. 임원으로 승진했을 때 거래 업체에서 축하하는 뜻으로 보낸 난 화분을 대부분 주변에 나누어 주고도 몇 개가 남아, 어쩔 수 없이 집으로 가져와 기르기 시작한 것이 계기가 되었다고 한다. 그런데 5년 넘게 난을 키웠지만 도무지 꽃이 피지 않았다고 한다. 정성스럽게 돌보았기에 난은 윤기가 나게 잘 자랐지만, 꽃이 한 번도 피지 않는 것은 뭔가 이상했다.

그러다 어느 지인을 만나 이런저런 대화 끝에 난이 꽃을 피우지 않는다는 이야기를 했더니, 그 지인이 난을 애지중지하면 절대 꽃을 볼 수 없다는 조언을 해주었다고 한다. 너무 완벽한 조건에서는 난이 꽃을 피울 필요를 느끼지 못한다는 것이다. 오히려 조금 불편한 환경에서 스트레스도 받고 특별한 배려를 받지 못할 때 스스로 긴장하여 꽃을 피운다는 것이다. 그제야 난을 키우는 이치와 원리를 깨달은 그분은 무조건 애지중지하는 것이 결코 좋은 태도가 아님을 알게 되었다고 한다.

그는 집으로 돌아와 난 화분을 모두 밖에 내놓았고, 날씨가 추워 얼어 죽겠다 싶으면 거실에 들여놓았다가 따뜻해지면 다시 밖에 내놓으면서 지나치게 애지중지하지 않았다고 한다. 그렇게 몇 달이 지나자, 그때까지 단 한 번도 꽃을 피운 적이 없던 난이 어느 날엔가 꽃대를 쭉 올리더니 은은한 향기를 풍기며 단아한 꽃을 활짝 피웠다고 한다.

똑같은 난도 환경에 따라 평생 꽃을 피우지 못하는 난이 될 수도 있고, 단아한 꽃을 피우는 난이 될 수도 있다.

전나무도 혹독한 환경에서 아름다운 꽃을 피운다고 한다. 우리의 인생도 시련이 없다면 꽃을 피우지 못하고 끝나버릴지도 모른다. 인간의 위대함은 척박한 환경에서 자신을 단련할 줄 안다는 점에 있다. 역사상 위대한 사람들은 자신을 벼랑 끝에 세우고 막다른 골목으로 몰아갈 줄 아는 사람들이었다. 그런 시련을 통해 그들은 자신의 내면에 숨어 있는 무한한 능력을 마음껏 발휘할 수 있었다.

프랑스의 시인 기욤 아폴리네르는 안락했던 둥지를 떠나 벼랑 끝에서 두렵고 위험한 세상을 향해 처음으로 날갯짓하는 인간의 모험을 아름답게 그린 시를 남겼다.

나는 너희에게 오직 천사만을 보내었다.

중요한 것은 아무것도 없다.

그가 말했다. "가장자리로 오라."

그들이 대답했다. "두려워요."

그가 다시 말했다. "가장자리로 오라."

그들이 가장자리로 왔다.

그는 그들을 밀어버렸다.

그리하여 그들은 허공을 날았다.

—「벼랑 끝으로 오라」

우리가 진정으로 큰바람을 타고 큰 인생을 살고 싶다면 안락한 일상의 둥지를 떠나 벼랑 끝에 설 용기와 실천력, 그리고 결단력이 필요하다. 과감하고 대담한 행동이 없다면, 설령 높고 멀리 날 수 있는 튼튼한 날개가 있다 해도 아무 소용이 없다.

『네 안에 잠든 거인을 깨워라』의 저자이며 유명한 동기부여 전문가인 앤서니 라빈스Anthony Robbins는 성공의 비결을 '시련과 역경을 활용하고 이겨내는 힘'으로 정의했다. 고통이든 즐거움이든 그것에 휘둘리는 것이 아니라 그것을 제대로 활용하는 법을 배워야 하고, 만일 그렇게 할 수 있다면, 스스로 발목을 잡는 한계를 뛰어넘어 자신의 인생을 지배할 수 있게 된다는 것이다.

한 가지 분명한 것은, 우리 안에 거인이 잠자고 있다는 사실이다. 현재 내가 성공했는지 실패했는지, 번영하고 있는지 몰락하고 있는지, 지금 사는 집이 거대한 저택인지 허름한 단칸방인지는, 그 거인을 깨웠느냐 아니면 그대로 잠자게 내버려두었느냐에 달렸을 것이다. 그러나 우리 안에서 잠자는 거인을 스스로 깨울 수 있는 사람은 그리 많지 않다. 잠자는 거인이 깨어나는 조건은 아이러니하게도 가장 혹독한 환경이다. 그래서 위대한 성공을 이룬 사람 중에는 뜻밖에도 밑바닥 삶을 처절하게 경험한 사람이 많다.

큰 성공의 기반은 절대 평범한 일상이 아니다. 안일한 삶을 보장해주는 환경에서는 가슴 뛰는 도전도 그에 따른 놀라운 성공도 기대할 수 없다. 지독한 가난, 큰 실패, 견디기 어려운 시련과 같은 혹독한 환경이 우리 안의 잠든 거인을 깨우고, 접었던 날개를 펴서 큰바람을 타고 하늘을 날게 한다.

가장 빨리 부자가 되는
한 가지 방법

불행하게도 이 시대의 많은 사람들이 부자가 되고자 건강을 잃어가며 일을 한다. 어제도 일했고, 오늘도 일하고, 내일도 일할 것이다. 직장에서, 가정에서, 야외에서 일한다. 그들은 돈을 벌기 위해 돈의 노예로 살아가기를 택했다. 하지만 정작 그들은 자신이 노예로 살아간다는 사실을 꿈에도 생각하지 못한다.

그들을 돈과 출세, 권력과 성공, 명예의 노예로 만든 것은 무엇일까? 두말할 것도 없이 그들 자신의 욕심이다. 이 사실을 인정해야 한다. 그래야 벗어날 수 있다. 그리스의 철학자 에피쿠로스는 이렇게 말했다.

부자가 되고 싶다면 가진 것을 늘리기보다 욕심을 줄여야
한다.

그의 말은, 돈이 많다고 해서 부자가 되는 것은 아니라는 사실을 잘 말해준다. 돈이 아무리 많아도 그 돈의 노예가 된 삶에서 절대 벗어날 수 없기 때문이다.

고대 로마제국의 철학자이자 웅변가인 세네카도 이렇게 말했다.

돈은 아직 누구도 부자로 만들지 못했다.

세네카의 말처럼 노예 인생에서 벗어나려면, 돈을 더 버는 것이 아니라 마음 혁명을 실천해야 한다. 그래서 돈이 많지만 가난하게 사는 사람이 있고, 돈은 한 푼도 없지만 부자로 사는 사람이 있다.

자신이 혹시 노예의 삶을 사는 건 아닌지 궁금한 사람이 있다면, 알아보는 방법은 아주 간단하다. 하루하루 재미와 기쁨을 누리며 살고 있는지, 아니면 먹고살기 위해 어쩔 수 없이 자신을 혹사하고 있는지 스스로 물어보라. 일상의 삶에 여유와 느긋함이 있는지, 아니면 정신없이 바쁘고 분주한지 살펴보라. 몸과 마음이 지치고 힘들 때 자유롭게 쉴 수 있는지, 아니면 일에 매여 심신이 지칠 대로 지쳤어도 계속 일을 해야만 하는지 대답해보라. 일과 휴식과 관련해 계획을 세울 때 자유롭게 결정할 수 있는지, 아니면 타인에게 결정권이 있는지 말해보라.

후자의 답이 많은 사람일수록 그 사람은 노예 인생을 살고 있다. 삶의 여유, 기쁨과 즐거움, 자유, 풍요로움이 없다면 그 인생은 노예 인생이다. 그중에서도 가장 중요한 요소는 자유다. 자신의 인생을 자신이 주도하지 못한다면, 그것이야말로 가장 비참한 노예의 삶이다.

독일의 철학자 헤겔은 주인과 노예의 변증법적 관계를 말하면서, 노예는 주인에게 봉사하지만, 물질 전반적인 것을 노예에게 의존하는 주인은 오히려 노동을 통해 자아를 되찾은 노예의 노예가 되어버린다고 말한 바 있다. 즉 주인과 노예를 가르는 기준은, 재산이나 권력이 아니라 바로 자유의지다. 자기 삶과 운명을 스스로 주도할 자유를 박탈당하고 주인이 시키는 대로 살아야 하기에 노예의 삶은 비참하다. 구속된 삶은 덜 건강하고, 덜 행복하고, 수명도 더 짧아지게 하기 마련이다.

노인들의 수명과 자유의지에 관한 매우 흥미로운 연구 결과가 있다. 노인 시설에서 노인들이 기르는 식물을 스스로 선택하고, 식사의 메뉴도 스스로 고르고, 운동이나 여가 활용으로 언제 무엇을 할 것인지 스스로 정하게 했더니 놀랍게도 수명이 연장되었을 뿐 아니라 더욱 건강하게 노년을 보내게 되었다고 한다. 즉 노인들에게 자신의 삶과 관련된 것들을 선택하거나 주도하지 못하게 하고 기관에서 모든 것을 지정해줄 때보다 훨씬 수명이 길어진다는 것이다.

이와 비슷한 연구 결과 중에 직장에서 업무나 일정, 휴가 등과 관련하여 선택의 폭이 넓은 직장 간부와 임원은 스트레스가 적지만, 상대적으로 선택의 폭이 좁은 부하 직원일수록 스트레스가 심해서 여러 가지 질병에 쉽게 노출된다는 보고가 있다.

그렇다면 1894년 갑오개혁 이후 공식적으로 노예제도가 사라진 우리나라에서 왜 지금도 노예처럼 살아가는 사람이 그토록 많은 것일까? 그것은 자신의 정체성을 잃고, 남의 시선을 의식하고, 남을 흉내내며, 남이 욕망하는 것을 따라서 욕망하고, 남의 의지에 좌우되어 살아가기 때문이다.

과거에는 눈에 보이는 신분과 소유관계에 따라 주인과 노예의 위치가 정해졌지만, 이제는 눈에 보이지 않는 주종 관계가 훨씬 더 보편화된 세상이 되었다. 그래서 자신의 몸과 마음을 자기 마음대로 자유롭게 주도하며 살지 못하고, 스스로 주인으로 삼은 것들에 끌려다니며 사는 사람이 너무도 많다. 어떤 사람은 돈에, 어떤 사람은 명예에, 어떤 사람은 출세에 집착하여 그것의 노예가 되어 살아간다. 만약 오직 단 하루만 살 수 있다 해도, 내일 세상을 떠나야 한다 해도 그렇게 살아갈 것인가?

세상이 시키는 일이 아니라 자신이 진정으로 하고 싶은 일을 하며 살아갈 때 우리는 행복을 느끼지만, 세상은 그렇게 하도록 내버려두지 않는다. 세상은 하기 싫지만 해야 할 일이 있다고 우리를 세뇌한다. 『익숙한 것과의 결별』을 쓴 구본형 소장은 다음과 같이 말한다.

> 하고 싶은 일을 하다보면, 가족을 먹여 살릴 수 없다는 잘못된 깨달음으로 우리를 몰아간 것은 우리를 기존의 체제에 묶어두고 통제하고 싶은, 보이지 않는 사람들이었다. 그들은 세상이란 '하고 싶지만 할 수 없는 일'과 '하기 싫지만 해야 하는 일'로 이루어진 것이라고 말한다.

그러나 하고 싶은 일을 하면서도 가족을 먹여 살릴 수 있다. 문제는 결단력이다. 노예처럼 '하기 싫지만 해야 하는 일'을 계속하다보면 오히려 경제적 기반이 절실해지는 중년 또는 노년에 직장에서 쫓거나 일자리를 잃는 현실에 부딪치게 된다. 중년, 노년이 될수록 든든한 일자리를 유지하고 싶다면 일찍이 자기가 하고 싶은 일을 시작하여 그 분야에서 뿌리를 내려야 한다. 한국의 노동시장에서 '평생직장'이라는 말은 사전에서 사라진 지 이미 오래되었다. 더욱이 이제는 새로운 가치를 만들어내지 않거나 변화하지 않는 사람은 생존할 수 없는 세상이 되었기에 더욱 자신이 하고 싶은 일을 해야 한다. 진정으로 하고 싶은 일을 할 때 자신의 존재 가치와 재능을 충분히 발휘할 수 있기 때문이다.

　모든 것이 변한다는 사실 말고는 세상에 변하지 않는 것은 없다. 그처럼 변화가 본질인 세상에서 살아남고 성공하기 위해 꼭 필요한 것은, 스스로 기회를 만들고 그 기회를 잡는 일이다. 그런데 생계의 노예가 되어 하기 싫은 일을 하는 사람에게는 '기회를 만들 기회'가 몹시 희박할뿐더러 기회가 찾아와도 그 기회를 활용할 준비가 되어 있지 않기에 다른 어떤 선택도 할 수 없다. 그러나 하고 싶은 일을 할 때에는 스스로 재능을 계발하고, 기회를 만들고, 기회가 찾아왔을 때 그것을 100퍼센트 살릴 능력과 자세를 갖추게 된다. 자신이 하고 싶은 일을 하는 사람은 기회가 오기만을 기다릴 필요가 없다. 언제든지 스스로 기회를 창출할 능력이 있기 때문이다. 바로 이것이 우리가 좋아하는 일, 하고 싶은 일을 해야 하는 가장 큰 이유다.

'마크 트웨인'이라는 필명으로 더욱 유명한 미국의 소설가 새뮤얼 랭혼 클레멘스Samuel Langhorne Clemens는 하기 싫은 일을 하는 사람들이 만들어낸 것은 절대 위대한 것이 될 수 없다고 말한다.

> 내가 하는 모든 일은 즐겁기에 하는 것이다. 다른 사람들의 일을 하면서 그것을 그만둘 수 없는 사람은 불행하다. 세상의 위대한 업적을 이룬 사람은 사실 위대한 놀이를 완성한 사람이다. 자신이 견뎌내야 하는 지겨운 노역 밑에서 신음하고 힘겨워하는 사람들은 그 어떤 위대한 업적도 이룰 수 없다. 손과 두뇌에게 영혼이 고용된 상황에서 어떻게 위업을 이룰 수 있겠는가? 노예가 만들어낸 작품은 지적으로든 물질적으로든 위대한 것이 될 수 없다.

우리는 좋아하는 일을 할 때 위대한 것을 만들 수 있다. 노예 상태에서 스스로 위대한 것을 만든 사람은 없다. 마크 트웨인은 위대한 업적을 '위대한 놀이'라고 표현했다. 그만큼 위대한 사람들은 자신이 하는 일을 좋아하고, 좋아하는 일을 한다는 것을 강조한다.

미국의 주식 투자가인 워런 버핏은 어떻게 그렇게 큰돈을 벌 수 있었을까? 우리는 그가 주식 투자에 천재적인 소질과 남다른 재능이 있기에 세계적인 갑부가 되었다고 믿는다. 하지만 그는 우리가 생각하듯 그렇게 뛰어난 천재도 아니고, 남다른 감각이 있는 사람도 아니다. 그는 하버드 대학에 지원했다가 낙방하여 패배의 쓴맛을 봐야 했다. 투자의 귀재였던 그도 그런 아픔을 겪었다. 하지만 그는 지금 '세계 최고의 투자가'라는 명성을 얻을 만큼 성공했다. 그 비결을 묻는 이들에게 그는 주저하지 않고 대답한다.

성공의 출발점은 돈을 많이 벌어줄 것 같은 일을 선택하기보다는 자신이 좋아하는 일을 하는 데 있습니다. 저는 운 좋게도 좋아하는 일을 일찍 발견할 수 있었고, 그 덕분에 그 일에 열정을 쏟을 수 있었습니다.

더 높은 곳에
베이스캠프를 설치하라

에베레스트는 세계에서 가장 높은 산이다. '세계의 지붕'이라 불리는 히말라야에서 가장 높은 산이라면 그 높이는 대체 얼마나 될까? 희한하게도 에베레스트의 높이는 매년 달라져서, 지금도 1년에 5센티미터씩 높아지고 있다고 한다. 1998년 미국의 탐사대가 산꼭대기에 GPS 장비를 설치한 덕분에 정확한 측정이 가능하여, 2008년 기준 에베레스트의 높이는 8850미터라는 것이 확인되었다.

이 산의 정상에 오르고자 수많은 사람이 목숨을 걸고 도전에 나섰다. 그들은 왜 하나뿐인 목숨을 위험에 빠뜨리면서까지 이 산에 올랐을까? 흔히 말하듯 "산이 거기 있으니까!"라고 대답한다면 할말이 없다. 게다가 나는 아직 에베레스트 등반에 도전한 적이 없다.

1922년 전 세계에서 모여든 등반가들이 에베레스트 등반에 도전했고, 실제로 일곱 명이 목숨을 잃었다. 그리고 2년 후에 등반가 4명이 사망하는 사고가 발생하자 도전자의 숫자는 급격히 줄었다. 하지만 도전은 계속되었다. 결국 30년 후인 1953년, 역사상 최초로 두 사람이 에베레스트 정상에 첫발을 디뎠다.

그 영광은 존 헌트가 이끈 영국 원정대의 에드먼드 힐러리와 텐징 노르가이에게 돌아갔다. 그리고 그로부터 3년 후에 또다른 등반가 4명이 등정에 성공했다. 그리고 4년 후에는 3명이 성공했다. 그리고 3년 후에는 6명이 성공했다.

그런데 에베레스트 등정과 관련해 매우 재미있는 사실이 하나 있다. 정상을 정복한 사람들의 숫자를 보면 1986년에 4명, 1987년에 2명에 불과했고, 1988년 이전에는 많아야 한 해에 30명을 넘지 못했다. 그런데 1988년에는 무려 50명이나 등반에 성공했다. 그리고 그 이후로 성공률은 눈에 띄게 높아져 1990년에 72명, 1992년에 90명, 그리고 1993년에는 129명이 등정에 성공했다.

1987년에 2명에 불과했던 성공자가 1988년이 되자 갑자기 50명으로 늘어난 까닭은 무엇일까? 그 1년 사이에 대체 무슨 일이 일어난 것일까? 인간의 체력이 갑자기 열 배 이상 강해진 것일까? 아니면 1년 사이에 등반 장비가 월등하게 좋아진 것일까? 아마도 그런 이유는 아닐 것이다. 등반 장비의 질이 꾸준히 개선된 것은 사실이지만, 겨우 2명이 정상 정복에 성공하다 1년 만에 50명이 성공했다면 뭔가 더 근본적인, 어떤 특별한 원인이 있었을 것이다.

나는 그 원인이 베이스캠프의 위치에 있다고 생각한다.

1988년 이전에 에베레스트를 등정한 모든 원정대는 고도 2000~3000미터 지점에 베이스캠프를 설치했다. 등정의 가장 험난하고 위험한 사투가 바로 그 지점부터 시작되었던 셈이다. 그런데 1988년 어느 등정팀이 이런 상식을 깨고 베이스캠프를 5000미터 지점에 설치했다. '제2캠프'라는 모호한 이름을 붙였지만, 원정대원들에게 이 지점은 심리적으로, 그리고 물리적으로 또 하나의 베이스캠프와 같았다. 어쨌든 그들은 산의 높이 8850미터 중에서 5000미터 지점에 베이스캠프를 설치했으니 나머지 2850미터만 죽기 살기로 올라가면 정상에 다다를 수 있었다. 다시 말해 그들은 5000미터 지점에서 등정을 시작하는 것과 다름없었다. 생각해보라. 3000미터 지점에서 등정을 시작하는 사람과 산 높이의 절반이 넘는 5000미터에서 시작하는 사람 중 어느 쪽이 성공할 확률이 높을까?

이 팀은 등정에 성공했고, 이들을 지켜보던 다른 팀들도 고도 5000미터 근처에 캠프를 설치하여 모두 등정에 성공했다. 결국 이미 5000미터나 올라왔다는 것이 심리적 안정감을 주었고, 이제 3000미터만 더 올라가면 된다는 사실이 동기부여가 되었던 것이다. 그리하여 1988년 이후 에베레스트 정상을 정복한 사람들의 숫자는 급격하게 늘어났다. 이제는 모든 등반가들이 베이스캠프를 아예 고도 5000미터 위쪽 지점에 설치한다. 그 덕분에 2004년에는 330명이 등정에 성공했다. 만약에 이들이 전처럼 베이스캠프를 낮은 곳에 설치했다면 몇 명이나 성공할 수 있었을까?

그렇다면 이전에는 왜 베이스캠프를 낮은 지점에 설치했을까? 이 질문에 대한 대답은 한결같았다.

"남들도 다 그렇게 하니까요."

"그렇게 해도 아무 문제 없었으니까요."

"가장 안전하고 물자 보급도 쉬웠으니까요."

남들이 모두 그렇게 하니까 자기도 따라 했을 뿐이라는 대답도 있었고, 쉽고 편하고 안전한 지점을 택했다는 대답도 있었다. 그러나 그들이 에베레스트에 간 목적은 남들을 따라 하기 위해서가 아니었다. 그들의 단 한 가지 목표는 정상에 도달하는 것이다. 그 목표를 달성하려면 두 가지를 유념해야 한다.

첫째, 무조건 남들을 따라 해서는 안 된다.
둘째, 쉽고 편하고 안전한 것만 추구해서는 안 된다.

에베레스트 등정에 성공하기 위해 가장 중요한 요소는 강인한 체력이나 좋은 장비가 아니라, 가장 높은 곳에 베이스캠프를 설치하는 일이다. 바로 이것이 장자가 말했듯이 큰 배를 띄울 수 있는 큰물을 만드는 길이며, 붕새가 날아갈 수 있게 큰바람을 일으키는 일이다. 많은 사람들이 등정에 성공하기 위해 짐을 가볍게 하고, 체력을 기르고, 좋은 장비를 준비하지만, 정작 필요한 일은 가장 높은 곳에 베이스캠프를 설치하는 것이라는 사실을 모른다.

우리 인생에도 이런 원리가 그대로 적용된다.

누구에게나 인생의 목적은 최상의 자신을 만들어 최고의 삶을 사는 데 있다. 생각 없이 남을 따라 하고, 편하고 안전하고 쉬운 곳에 머무는 것은 진정한 삶이 아니다. 자기 삶의 베이스캠프를 가장 높은 곳에 설치해야 한다. 그것이 성공의 가장 기본적인 조건이다. 여기서 성공이란 단지 큰돈을 벌고 대단한 권력을 움켜쥐는 세속적인 성공만이 아니라, 넓게 인식하고 길게 내다보며 높은 인격을 갖추는 인간적 성공을 의미한다. 따라서 인생의 베이스캠프를 가장 높은 곳에 설치하는 것은 우리의 생각과 마음을 키워야만 가능하다.

짐을 가볍게 하고, 체력을 기르고, 좋은 장비를 구한다는 것은 곧 능력과 재능을 기르고, 학식을 쌓고, 자격 조건을 높여간다는 뜻이다. 하지만 마음을 키우지 못하면 아무리 재능이 출중해도 큰 인생을 살 수 없다. 어항에 갇힌 금붕어처럼 작은 세상에서 전전긍긍하다 인생을 끝내게 마련이다. 큰 목표를 세우고 큰 꿈을 꾸는 것도 큰마음이 있어야 가능하다. 큰 배가 뜰 수 있는 큰물을 만들고, 구만리를 날아오르는 붕새를 띄울 수 있는 큰바람을 만드는 첫걸음은 원대한 마음을 품는 데 있다.

한국전쟁 당시 인천상륙작전을 감행한 위대한 정치가 해리 트루먼 미국 전 대통령에게 누군가가 정치가로 대성할 수 있었던 비결을 물었을 때 그는 의외의 대답을 들려주었다.

"나는 좋은 집안에서 태어났기에 높은 기준에 맞춰 살아야 했습니다."

'높은 기준에 맞춰 살았다'는 말의 핵심은 곧 높은 곳에 베이스캠프를 설치했기에 대성할 수 있었다는 뜻이다. 기준을 높게 정하고, 그 기준에 맞추어 살려고 노력해야만 현재의 자신을 넘어서서 최고가 될 수 있다. 우리 선조가 지금도 세계인이 감탄하는 고려청자를 만들어낼 수 있었던 것은, 세계 최고 수준의 높은 기준을 끝까지 고집하며 혼을 불태웠던 덕분이다. 그래서 자기 제작 기술이 가장 발달했던 중국마저도 우리나라의 고려청자를 '천하제일 고려청자'라고 불렀던 것이다. 고려청자가 '천하제일'이 될 수 있었던 결정적인 비결은 다른 어떤 자기도 넘볼 수 없는 '높은 기준'에 맞춰 만들어졌다는 데 있었다.

재미있는 사실은, 우리가 가장 높은 기준을 설정하고 거기에 맞추려고 노력하다보면 실제로 그런 인간이 된다는 점이다. 최고를 고집하고 최고를 추구하다보면 어느새 자신이 최고가 되고, 결과물 또한 최고의 것을 얻게 된다.

그러나 "대부분 사람에게 가장 큰 위험은, 목표가 너무 높아서 실패하는 것이 아니라 목표가 너무 낮아서 쉽사리 그것을 달성하는 것이다"라고 했던 미켈란젤로의 말처럼, 우리 주변에는 목표를 너무 작게 설정한 탓에 큰 인생을 살 수 있었음에도 평범하고 왜소한 인생을 사는 사람이 많다.

베이스캠프를 남보다 높은 곳에 설치하여 아무도 성취하지 못한 업적을 이룩한 사람으로 로저 배니스터를 들 수 있다. 그는 '1마일 4분'의 벽을 깬 영국의 전설적인 육상 선수이다. 게다가 그는 전문적인 직업 선수가 아니라 영국 옥스퍼드 대학에서 장학금을 받고 공부하던 의대생으로, 아마추어 선수였다는 점에서 세간의 주목을 받았다.

당시 1954년에는 1마일(1609미터)을 4분 안에 달리는 것은 불가능한 일로 여겨졌다. 인간 능력의 한계를 고려할 때 1마일을 4분 안에 달린다는 것은, 의학적으로 폐와 심장이 파열하고 뼈와 근육이 파괴되는 것을 의미했다. 다시 말해 그것은 불가능한 일로 여겨졌고, 당시 1마일 달리기 선수들은 4분 안에 1마일을 달릴 수 있으리라고는 상상조차 하지 못했다. 그러나 1954년 5월 6일, 스물다섯 살의 젊은 의학도 로저 배니스터는 죽기를 각오하고 달려 1마일을 3분 59초 4로 주파했다.

그러자 놀라운 일이 벌어졌다. 베이스캠프를 높은 곳에 설치하자 에베레스트 등정자 수가 급격하게 늘어났던 것처럼, 로저 배니터스가 1마일 4분의 벽을 돌파하자 한 달 만에 무려 10명의 선수가 4분의 벽을 넘었고, 그 숫자는 1년 후 37명, 2년 만에 300명으로 늘어났다.

대체 어떤 변화가 생긴 것일까? 1954년 여름부터 인간에게 갑자기 빨리 달리는 능력이 생긴 것일까? 아니다. 능력이 개선된 것이 아니라, 결코 넘을 수 없다는 심리적 장벽을 한 젊은이가 무너뜨린 것이었다. 인간이 1마일을 4분 안에 주파하는 것은 불가능하다고 생각하면서 심리적 베이스캠프를 낮은 곳에 설정했던 사람들이 캠프의 위치를 높은 곳에 설정함으로써 심리적 장벽을 넘어설 수 있었던 것이다.

로저 배니스터는 훗날 유명한 신경과 의사가 되었고, 명예기사 작위를 받았으며, 옥스퍼드 대학 펨브룩 칼리지의 학장이 되었다. 하지만 그의 진정한 성공은 바로 인간이 도전하지 못할 일은 없다는 것을 온몸으로 보여주었다는 사실에 있다. 성과나 성공의 수준을 결정하는 것은 결국 얼마나 큰 목표, 높은 기준을 세우느냐에 달렸다. 이것이 바로 우리가 자신의 삶을 크게 생각해야 하는 이유다.

우리가 더 높은 곳에 베이스캠프를 설치해야 하는 또 하나의 이유는, 그것이 차별화의 출발점이기 때문이다. 베이스캠프를 남과 같은 지점에 설치한다는 것은 결국 남과 똑같은 삶을 살겠다는 것과 같다. 남과 똑같아지면 무명의 수많은 사람 중 하나가 되고, 아무에게서도 주목받지 못하고, 언제든지 대체되는 존재로 살아가게 된다. 다시 말해 마치 거대한 기계의 작은 부품처럼, 남들이 자신에게 부여한 기능을 수행하다 문제가 생기면 즉시 교체되는 인생을 살아갈 수밖에 없다.

결국 우리의 성과나 성공의 수준을 결정하는 것은, 얼마나 큰 목표를 세우고 높은 기준을 따르느냐에 달렸다.

4장

스케일이 큰 사람이
인생을 즐길 수 있다

"이끌거나 따르거나 비켜서라!"

—

테드 터너

집착하지 말고,
연연하지 마라

우리는 일상의 크고 작은 일들에 연연하고 일희일비一喜一悲하며 살아간다. 그것은 올바른 삶의 자세가 아니다. 가치 있고 중요한 일에 쏟아부어야 할 에너지를 의미도 가치도 별로 없는 일에 허비하며 허송세월하는 꼴이기 때문이다.

『우리는 사소한 것에 목숨을 건다』를 쓴 리처드 칼슨Richard Carlson은 "사소한 것에 연연하며 끙끙대지 않는다면, 완벽한 인생에 대한 집착에서 벗어나 비저항적인 자세로 삶이 제공하는 것들을 수용하는 법을 배울 수 있다"라고 말한다. 사소한 문제로 아등바등하기보다 '그냥 지나가게' 하는 법을 터득하면 삶이 훨씬 순조로워진다는 뜻이다. 그의 말처럼, 변화할 수 있는 것을 변화시키고 그럴 수 없는 것은 수용하는 마음을 가져야 한다. 그는 매우 간단한 두 가지 법칙을 제시한다.

첫째, 사소한 것에 연연하지 마라.

둘째, 모든 것은 사소하다.

이 두 가지 규칙을 삶에 적용하면 인간은 평화롭게 살아갈 수 있다. 세상 모든 것은 사소하므로 어떤 것에도 연연하지 않을 때 행복하게 살아갈 수 있다.

회사에서 인정받지 못하는 것도, 가정에서 미운 오리 새끼 취급받는 것도, 친구나 동료에게 인기가 없는 것도, 직장 생활이 원만하지 못한 것도, 결심했던 일이 작심삼일로 끝나는 것도, 친구나 이웃과 비교했을 때 한없이 작아지는 것도, 과거에 저지른 어리석음에 대한 후회로 늘 가슴 한구석이 허전한 것도, 알 수 없는 우울감이 엄습해 무기력해지는 것도, 하는 일마다 실패하는 것도, 주위 사람들이 자신을 싫어하는 것도 1주일, 1개월, 1년 후에는 흔적도 없이 잊히고 사라진다. 지금 이대로의 자신이 충분히 행복하다는 사실을 인정하자. 우리가 이런 모든 것에 연연하며 힘겹게 살아가는 단 한 가지 이유는, 마음속에서 그것들에 대한 집착을 버리지 못하기 때문이다. 우리가 진정한 의미의 마음 혁명을 실현한다면, 강하면서도 유연하고 격렬하면서도 평화로운 삶을 살아갈 수 있다.

최병건 정신과 전문의는 『당신은 마음에게 속고 있다』에서 이렇게 말한다.

우리는 우리가 생각하는 것만큼 자유로운 존재가 아니다. 세상이 우리 마음속의 뭔가를 선택하면 우린 꼭두각시처럼 거기에 맞춰 살아간다. 한동안 편집증의 시대를 살았던 우리는 이제 자기애의 시대를 살고 있다.

그의 말대로 우리는 생각만큼 자유로운 존재가 아니다. 욕망의 노예, 분노의 노예가 되기도 하고, 성공과 명예에 대한 집착과 자기애에서 벗어나지 못하며, 때로 체면과 관습의 노예가 되기도 한다. 왜 돈과 권력이 필요하느냐는 물음에 흔히 '자유로워지기 위해서'라고 대답하지만, 실제로 진정한 자유는 마음에 달렸다.

'그물에 걸리지 않는 바람처럼' 살라고 가르치는 불가에서는 일찍이 이런 진리를 깨닫고 있었다. 당나라 선승 임제臨濟의 가르침을 사후에 제자 삼성三聖이 편집한 책으로 알려진 『임제록』에 이런 대목이 나온다.

마주치는 대로 곧바로 죽여라. 부처를 만나면 부처를 죽이고, 조사를 만나면 조사를 죽이고, 아라한을 만나면 아라한을 죽이고, 부모를 만나면 부모를 죽이고, 친속을 만나면 친속을 죽여라. 그래야 비로소 해탈하여 사물에 구애되지 않고 투철히 벗어나서 자유자재하게 된다.

이 교훈을 문자 그대로 받아들이는 사람은 없을 것이다. 여기서 죽이라 함은 애착과 미련을 끊으라는 뜻이다. 우리가 해탈까지는 아니더라도 진정한 자유를 얻고 큰 삶을 살기 위해서는, 집착을 버리고 무엇에도 연연하지 않는 마음가짐이 필요하다.

그런 점에서 널리 알려진 원효 대사의 일화는 마음이 모든 것의 근본임을 일깨워주는 대표적인 교훈이다. '도는 모든 존재에 미치지만, 결국은 하나의 마음의 근원으로 돌아간다'는 일심一心 사상을 설파했던 원효는, 젊은 시절 그의 인생을 송두리째 바꾸어놓은 사건을 경험한다.

『송고승전宋高僧傳』에 따르면 원효는 의상 대사와 함께 중국 국경 근처 당주의 경계에 이르렀다. 배를 얻어 타고 바다를 건너려 하는데 주변이 어두워지고 큰비가 내려 길가의 토굴에 겨우 몸을 피했다. 아침에 일어나보니 그곳은 무덤이었고, 그들이 자고 일어난 자리에는 해골바가지가 뒹굴고 있었다. 목이 말랐던 원효가 전날 밤 그 해골바가지에 괸 물을 마셨다는 이야기는 후대에 보태진 일화일 뿐 원전인 『송고승전』에는 나오지 않는다.

어쨌든 날이 밝았으나 비는 계속 내리고 길에는 물이 고여 앞으로 나아갈 수 없었다. 그래서 원효는 밤이 오기 전에 미리 헌 집을 한 채 물색해 그곳에서 묵어가기로 했다. 그러나 밤이 깊어도 원효는 잠을 이룰 수 없었다. 지난밤 토굴에서 잤던 일이 자꾸 떠오르고 마음이 심란해서 당장에라도 귀신이 나올 것만 같았기 때문이다. 밤을 꼬박 새우고 나서 원효는 탄식하며 의상에게 말했다.

"지난밤에는 토굴에서 자도 편안하더니, 오늘은 잠자리는 편해도 귀신이 사는 집에 걸려든 것 같았네. 아, 마음에서 일어나 여러 가지 법이 생기고, 마음이 사라지면 토굴이나 무덤이나 마찬가지요. 삼계三界가 오직 마음이요, 모든 법이 오직 앎이니, 마음의 밖에 법이 없는 것을 어찌 따로 구하리오. 나는 당나라에 들어가지 않겠네."

우리는 개인의 자유가 보장된 나라에서 살고 있다. 하지만 우리는 늘 뭔가에 얽매이고 갇힌 채 살아간다. 어떤 이는 돈과 권력에, 어떤 이는 명예와 인정에 집착하여 평생 노예가 되어 살아간다. 어떤 이는 분노와 미움을 조절하지 못하여 비극적인 인생을 살기도 한다.

모든 것이 마음에 달렸다는 것을 통렬하게 깨닫고 마음을 혁명할 때 우리는 진정한 해방감을 누릴 수 있다. 그렇다고 해서 깊은 산속에 홀로 들어가 혹독하게 마음을 수련하라는 말은 아니다. 지금 이 상태에서 단지 마음속의 쓰레기들과 잡다한 감정을 버리고, 지금까지 익숙했던 생각을 바꿈으로써 극적인 변화를 경험할 수 있다.

어떤 이는 "모든 것이 그렇게 말처럼 쉽다면 얼마나 좋겠느냐"면서 이런 권유는 지나치게 단순하다고 비판할 수도 있을 것이다. 그러나 가만히 돌이켜보면, 지금까지 살아오면서 우리 힘으로 해결할 수 있었던 일이 과연 얼마나 되었던가? 우리가 걱정하고 근심하던 일이 그대로 일어난 적은 얼마나 되었던가? 우리가 늘 하고 있는 걱정 근심의 80퍼센트는 절대 일어나지 않는 일이며, 나머지 20퍼센트도 거의 일어나지 않는 일이다. 무엇보다도 중요한 것은, 일어나지도 않을 일을 두고 노심초사할

수록 그 일이 일어날 가능성은 점점 더 커진다는 사실이다.

역설적으로 성공도 마찬가지다. 인생에서 성공은 매우 중요하다. 그러나 마음 졸이며 성공에만 집착한다고 해서 성공하는 것은 절대 아니다. 집착은 소중한 것들을 잃어버리게 하고, 감당할 수 없는 결점들을 낳는다. 진정으로 중요한 것은 성공을 향한 의지와 그것에 도달하는 과정이다. '성공'이라는 결과가 아니다.

비즈니스에서 상대와 경쟁할 때 성공하겠다는 의욕이 앞서면, 상대에게 허점을 보여 지고 만다. 일단 마음에 동요가 일면 상대에게 그것을 숨길 수 없기 때문이다. 이런 점을 잘 알고 있었던 이병철 삼성그룹 창업주는 이건희 삼성그룹 회장에게 마음의 동요를 없애고 싸움에 대한 집착을 버리라는 뜻으로 목계木鷄, 즉 나무로 만든 닭의 교훈을 들려주었다고 한다. '목계양도木鷄養到'라고 불리는 이 일화는 『장자』의 「달생達生」 편에 나오는 이야기다.

제나라 선왕宣王은 투계鬪鷄를 무척 좋아하여 기성자紀渻子라는 사람에게 싸움닭을 구해 최고의 투계로 키우라고 명령했다. 기성자는 왕의 분부대로 훌륭한 싸움닭을 구해 최고의 투계로 길렀다. 열흘이 지나자 왕이 기성자에게 물었다.

"닭은 싸울 준비가 끝났는가?"
"아직 덜 되었습니다. 지금 한창 허세와 교만을 부리고 의 기양양합니다."

열흘이 지난 뒤 또 묻자 대답했다.

"아직 덜 되었습니다. 다른 닭의 소리나 그림자를 보고 달려들려고 합니다."

열흘이 지난 뒤 또 묻자 대답했다.

"아직 덜 되었습니다. 다른 닭을 증오의 눈빛으로 보고 잔뜩 성을 냅니다."

열흘이 지난 뒤 또 묻자 대답했다.

"거의 다 되었습니다. 닭들 가운데 우는 녀석이 있어도 이미 아무런 흔들림이 없습니다. 그것을 바라보면 마치 나무로 만든 닭 같고, 그의 타고난 본성은 온전합니다. 다른 닭은 감히 대응하지 못하고 몸을 돌려 도망갈 것입니다."

상대가 소리를 지르고 날뛰어도 전혀 동요하지 않는 정도가 되었을 때 우리는 비즈니스에서도 성공할 수 있다. 이것은 목표나 결과에 집착하지 않을 때 가능한 일이다. 성공하려고 안달이 나서 눈앞의 결과에만 집착하면 조급함을 버리기 어렵다.

성공에 집착하지 말아야 할 이유는 또 있다. 성공에 집착하다보면 거기에 마음을 빼앗겨 자신이 하는 일에 온전히 집중할 수 없다. 에너지와 정신을 한곳에 집중해야 최고의 성과를 얻을 수 있지만, 결과에 마음을 빼앗기면 자신의 기량을 충분히 발휘할 수 없다. 장자는 궁사弓師의 예를 들어 그런 현상을 설명한다.

> 궁사가 아무것도 바라지 않고 활을 쏠 때는 모든 기술이 발휘된다. 그러나 그가 승자가 되려고 활을 쏘면 초조해진다. 상금이 그를 분열시키고, 그는 노심초사한다. 활쏘기보다 승리에 더 집착하면서 이겨야 한다는 생각이 그에게서 힘을 빼앗아간다.

이와 비슷한 이야기가 있다. 사냥꾼이 활을 메고 홀가분한 마음으로 산을 오르다 멀리 있는 백호를 발견했다. 사냥꾼은 기쁜 마음에 백호를 향해 화살을 쏘았고, 화살은 백호의 가슴에 정확하게 명중했다. 사냥꾼은 신이 나서 백호가 있는 곳으로 달려갔다. 그러나 그는 깜짝 놀랐다. 백호인 줄 알고 활을 쏘았는데, 그것은 백호가 아니라 큰 바위였기 때문이다. 사냥꾼을 더욱 놀라게 한 것은 화살이 단단한 바위에 깊숙이 꽂혀 있다는 사실이었다.

사냥꾼은 너무도 신기해서 다시 원래 자리로 돌아가 몇 번이고 화살을 쏘았지만, 한 발도 바위에 꽂히지 않았다.

백호를 사냥할 때에는 마음을 비우고 활을 쏘았기에 모든 에너지를 집중할 수 있었다. 그러나 바위를 향해 화살을 쏘았을 때에는 바위에 화살을 꽂겠다는 의도가 앞서는 바람에 오히려 원하는 결과를 얻을 수 없었던 것이다.

　이처럼 우리가 어떤 것에 집착하면 힘과 에너지가 분산되어 능력을 충분히 발휘할 수 없다. 성공을 원한다면, 마음을 비우고 결과에 연연하지 않고 성공으로 향하는 과정에 몰입하는 자세가 필요하다.

　부침이 심한 인생에서 실패와 성공에 연연하지 않고 묵묵히 자기 길을 걸어가려면 어떻게 해야 할까? 다윗과 솔로몬의 일화가 이 질문에 설득력 있는 대답을 들려준다.

　어느 날 다윗 왕이 신하들에게 다음과 같은 명령을 내렸다.

　"승리했을 때 기쁨에 취해 자만하지 않게 해주고, 패배했을 때 절망의 늪에서 건져줄 수 있는 물건을 가져와라."

　왕의 명령을 받은, 지혜롭고 학식 있는 랍비와 신하들은 밤새도록 토론을 벌였다. 결국 그들은 반지 하나를 만들어 왕에게 바쳤다. 왕은 반지를 받고 처음에는 의아해했지만, 반지에 적힌 글귀를 읽고는 크게 웃음을 터뜨리며 만족해했다. 그 반지에는 이런 글귀가 새겨져 있었다.

　"이 또한 곧 지나가리라Soon it shall also come to pass!"

　이 명언은 유대 경전의 주석서이자 유대의 지혜를 담은 책 『미드라시』에 나오는 유명한 일화의 한 대목이다. 다윗 왕은 아들 솔로몬에게 반지 하나를 만들어오라고 하면서 자신이 승승장구해서 기고만장하는 날이 오면 교만과 자만에 빠지지 않도록 깨우침을 줄 글귀와, 실패를 거듭하여 깊은 절망의 수렁에 빠졌을 때 자신을 일으켜 세워줄 글귀를 반지에 새겨달라고 했다. 아버지의 명을 받고 솔로몬은 이 두 가지를 모두 충족할 수 있는 글귀가 무엇일까 고민한 끝에 이 말을 써넣었다고 전해진다.

인생에 늘 햇빛 찬란한 날만 계속되고 비바람이 불거나 눈보라 치는 날이 없다면 이 글귀는 무의미할 것이다. 그러나 그런 인생이 어디 있겠는가? 수많은 실패와 드문 성공이 반복되고, 기쁨과 행복보다는 고통과 시련을 더 많이 겪게 된다. 실패했다고 좌절하여 포기해서는 안 되겠지만, 기가 막힌 운이 따라 성공을 거듭한다 해도 매우 조심해야 한다. 실제로 실패보다는 성공이 성장과 발전을 가로막는 요소이기 때문이다.

성공했을 때에는 자세를 낮춰야 한다. 몸을 낮추면 높은 곳이 더 잘 보이고, 다가오는 기회를 놓치지 않기 때문이다. 우리는 주변에서 허리띠를 졸라매고 악착같이 일해서 큰돈을 모아 부유해지면 어느 순간 허리띠를 풀고 자만하다 큰 낭패를 보는 사람들을 흔히 보곤 한다.

『손자병법』에 '전승불복戰勝不復'이란 말이 있듯이 영원한 승리는 없다. 전쟁이나 비즈니스에서 한 번 거둔 승리는 절대 그대로 반복되지 않는다. 승리를 반복하려면 또다른 시도와 전략, 혁신적인 변화와 개선의 노력이 필요하다. 그런 점에서 어제까지 어떤 승리와 성공을 거두었든, 어떤 실패와 좌절을 겪었든 오늘 새롭게 다시 시작하는 자세가 필요하다. 이것이 바로 『서경書經』의 「상서尚書」 편에 나오고, 『대학大學』에서 인용한 '일일신우일신日日新又日新'의 자세다.

세상에 영속하는 것은 없고, 승리의 기쁨도 잠깐이며, 하루하루 새로워져야 한다는 사실을 잘 알고 있는 사람은 삶을 겸손하게 대하고 삶에 예의를 지키는 사람으로, 그가 거두는 성공이야말로 진정한 승리라고 할 수 있다.

대범한 만큼
인생을 즐길 수 있다

콜로라도 로키산맥의 어느 봉우리에서 발견된 거목은 나이가 400살이 넘었다고 한다. 한자리에서 꼼짝도 하지 않고 400년을 살았으니 얼마나 많은 일을 겪었을까? 얼마나 많은 폭풍우와 눈사태와 벼락과 가뭄을 견뎌내야 했을까?

그런데 얼마 전에 이 거목이 쓰러졌다. 그토록 오랜 세월을 묵묵히 살아온 400년 역사의 증인이 무너져버린 것이다. 원인이 무엇이었을까? 폭우도 폭설도 벼락도 가뭄도 아니었다. 아주 작은 벌레들이 거목을 내부에서부터 계속 조금씩 갉아먹었기 때문이다. 손톱보다 더 작고 약한 딱정벌레들이 거목의 내부를 조금씩 갉아먹어 '가랑비에 옷 젖는 줄 모른다'는 속담처럼 쓰러지고 만 것이다.

우리 인간도 이 거목과 다르지 않다. 외부에서 침략자가 쳐들어오면 싸워서 쫓아버리거나 굴복시킨다. 시련과 역경이 몰아닥치면 의연하게 맞서 극복해낸다. 그러나 우리 마음을 좀먹는 걱정 근심과 싸워 이기고 극복해내기는 여간 어렵지 않다. 그렇게 조금씩 희망을 잃어가다 결국 벌레들이 거목을 쓰러뜨리듯 걱정과 근심으로 쓰러져버린다.

제2차세계대전 당시 전쟁터에서 총알과 폭탄을 맞고 죽는 사람도 많았지만, 죽음에 대한 공포 때문에 심장병으로 죽는 사람의 수가 적지 않았다고 한다. 걱정과 근심, 불안과 공포가 때로 멀쩡한 사람을 죽인다. 셰익스피어는 말했다.

실제로 나쁜 일이 없어도 나쁜 일이 일어나리라고 생각하다보면 정말 나쁜 일이 생긴다.

큰일을 하는 거목이 되려면, 날마다 생기는 사소한 걱정거리와 진행하는 일의 고비마다 늘 도사리고 있는 사고에 대한 근심을 이겨내는 초연한 마음가짐이 중요하다. 기업가나 부자 중에는 엄청난 스트레스와 근심을 이겨내지 못하고 단명한 사람도 적지 않다. 아무리 돈이 많고 지위가 높아도 크고 넓은 마음이 없다면, 걱정근심에서 헤어나지 못하고 큰일을 도모할 수 없다.

걱정과 근심 못지않게 안에서부터 우리를 무너뜨리는 또다른 적은, 세상에서 들려오는 찬사와 비난이다. 타인의 찬사와 비난에 일희일비하면, 수시로 변하는 세상이 가리키는 길이 아니라 자기가 택한 길을 묵묵하고 우직하게 걸어갈 수 없다.

붓다는 찬사와 비난에 대해 이렇게 말했다.

> 세상에 태어나 어떤 비난도 받지 않은 사람은 단 한 사람도 없다. 대중은 침묵하는 사람을 비난하고, 떠드는 사람을 비난하고, 중도를 걷는 사람을 비난한다. 그렇다고 해서 평생 비난만 받는 사람도 없고, 평생 찬사만 받는 사람도 없다.

빨리 가면 너무 빨리 간다고 욕하고, 늦게 가면 너무 늦게 간다고 욕한다. 남의 말을 듣고 생각을 바꾸면 줏대 없고 변덕이 심하다고 욕하고, 남의 말을 듣지 않고 자기 생각대로 하면 경청할 줄 모르는 교만한 인간이라고 욕한다. 바다에 빠진 사람은 몸이 물에 젖을 수밖에 없듯이, 이 혼탁한 세상에서 비난받지 않고 살아가는 사람은 단 한 명도 없다.

그렇기에 남들의 비난에 초연해야 한다. 그리고 비난보다 더 위험한 것은 칭찬이다. 칭찬을 들으면 자기도 모르게 우쭐해지고 자신이 대단한 사람인 양 착각하며 작은 승리와 성공에 도취한다. 이런 상태에서 발전하고 성장할 수 없음은 너무도 당연하다.

어떤 사람의 됨됨이를 알려면 두 가지를 시험해보면 된다. 먼저 엉뚱하게 꼬투리를 잡아 그를 거세게 비난해보고, 그다음에는 그가 이룬

별것 아닌 일에 대단한 찬사를 늘어놓는 것이다. 흙탕물을 컵에 넣고 가만히 놓아두면 흙이 가라앉아 물이 깨끗하게 보이지만, 컵을 마구 흔들면 이내 다시 흙탕물이 되어버린다. 하지만 맑은 물은 아무리 흔들어도 여전히 맑은 물이다. 사람의 겉모습은 앙금이 가라앉은 물과 같아서 그 내막을 알 수 없지만, 일단 찬사와 비난으로 흔들어놓으면 그가 속에 숨기고 있던 것들이 여실히 모습을 드러내게 마련이다.

소인은 작은 시련이나 일시적인 가난도 견디지 못하여 삶이 마구 흔들리며 균형을 잃어버리지만, 대인은 시련과 가난을 의연하게 이겨내며 그 안에서 더 큰 세상을 본다. 찬사나 비난에 흔들리지 않는 사람만이 큰바람을 타고 살아갈 수 있다. 작은 연못에 돌을 던지면 연못 전체가 출렁이지만, 큰 바다에 돌멩이를 하나 던진다고 해서 바다가 동요하는 법은 없다.

소심하고 우유부단하고 우물쭈물하는 사람이 어떤 분야에서 성공하는 경우는 본 적이 없다. 투우사도 마찬가지이다. 투우사는 절대 우물쭈물해서는 안 된다. 소의 급소를 단번에 찔러야 한다. 그것이 자신도 살고, 소도 명예롭게 죽으며, 관중도 기쁘게 하는 의식적 행동이다. 만약 투우사가 단번에 급소를 찌르지 못하면 흥분한 소의 공격에 노출되고, 급소를 찌를 기회는 영영 사라진다. 그리고 관중의 야유를 받으며 투우사로서의 성공은 요원해진다. 투우사에게 필요한 최고의 자질은 재능이 아니라 담대함이다. 아무리 뛰어난 재능이 있어도 대범하지 못하다면 소와 겨루는 것은 시도조차 할 수 없다.

능력 있는 사람이 성공하지 못하고 무능해지는 가장 큰 원인은 대범하지 못하기 때문이다. 스케일이 작은 소심한 사람들은 작은 실수에도 움츠러들어 자기 능력의 반도 제대로 펼치지 못한다. 반대로 대범한 사람들은 능력이 다소 부족해도 자기 능력 이상의 기량을 발휘한다. 대범하기에 실패에 대한 두려움을 극복할 수 있기 때문이다.

대범한 사람들이 큰 성공을 거두는 이유는, 실패를 두려워하지 않고 기꺼이 위험을 무릅쓰면서 도전과 모험을 즐기기 때문이다. 다시 말해 대범한 사람에게 있고 능력만 있는 사람에게 없는 것은, 목표를 향해 자신을 던지는 힘이다. 성공의 비결은 우물쭈물하지 않고 그것을 '시작하는 데Just do it!' 있다.

마크 트웨인의 표현을 빌려 말하자면 "성공의 비결은 시작에 있다". 그렇기에 능력이 있고 일도 잘하지만 스케일이 작은 사람은 성공하지 못하는 것이다. 능력과 대범함은 비례하지 않는다.

평범하게 살다 최악의 상황에 빠지고 나서야 비로소 자신도 몰랐던 능력을 발휘해서 이전보다 훨씬 더 멋진 삶을 살게 되는 사람들이 적지 않다. 이들은 능력은 있었지만 대범하지 못했기에 도전과 모험을 시도하지 않았다. 그들은 그렇게 안정을 선호하며 살다 난파하기 직전에 배에서 뛰어내리고 벼랑에서 뛰어내린다. 그리고 그제야 자신이 물에서 헤엄칠 수 있다는 것을, 하늘을 날 수 있다는 것을 알게 된다. 이처럼 뒤늦게 자각한다면 안타깝지 않은가.

양이 질을 이기듯
스케일이 세상을 이긴다

미국 역사상 가장 영향력 있는 성공학 강사 중 한 사람인 짐 론은 『내 영혼을 담은 인생의 사계절』에서 우리가 맞이하는 하루하루는 봄이라고 말한다. 봄은 씨앗을 심을 기회의 계절이기에 우리는 매일 밭에 씨앗을 심어야 하고, 인생의 가을이 되면 심은 만큼 열매를 거두게 된다고 말한다. 결론적으로, 더 많은 것을 얻고 싶다면 주저하지 말고 더 많은 것을 심어야 한다는 것이다.

가을이 되면 그동안 열심히 일한 사람들은 결실을 누리고, 짧은 봄에 허송세월한 사람들, 여름날 뙤약볕 아래서 농작물을 정성 들여 가꾸지 않은 사람들은 변명이나 늘어놓는다. 개미와 베짱이의 우화가 떠오르는 대목이다. 짐 론은 우리가 '더 많이 거두려면 더 많이 심어야 한다'는 성공의 기준을 자주 잊는다고 경고한다.

남들과 똑같이 노력해서 남보다 더 크게 성공하겠다는 생각은 염치없는 욕심이다. 짐 론의 말대로, 비좁은 집과 저택의 차이는 평균적인 노력과 평균을 뛰어넘는 엄청난 노력 간의 차이이다. 콩 심은 데 콩 나고 팥 심은 데 팥 나듯이, 많이 심은 자는 많이 거두게 되어 있고 적게 심은 자는 적게 거두게 되어 있다. 게으른 사람들이 씨앗을 심는 일조차 하지 않고 그 결과로 가난하게 사는 것은 당연지사다. 열심히 일했지만 가난하게 사는 사람들의 경우, 평균적인 노력만을 기울이고는 열심히 일했는데 왜 자기만 가난하느냐고 불평하는 것과 다를 바 없다고 그는 말한다.

대기업 회장이나 부자들일수록 새벽에 일찍 일어나고 남보다 훨씬 더 많은 시간을 일한다는 점을 보면 그의 말에 어느 정도 수긍하게 된다. 『포브스 코리아』 2008년 11월호에는 "대한민국 CEO의 80퍼센트는 아침 여섯시 전에 기상한다"라는 기사가 실렸다. 이는 2004년에 조사한 결과인 70퍼센트보다 향상된 수치이기도 하다. 아파트나 회사의 주차장을 살펴봐도 이러한 사실은 쉽게 알 수 있다. 넓은 집과 좁은 집이 골고루 있는 대형 아파트 단지 출입구에서 새벽 네시부터 아침 열시 사이에 아파트를 빠져나오는 자동차를 수입차, 대형, 중형, 소형으로 구분하여 시간대별로 조사해보면 놀라지 않을 수 없다.

새벽 네시와 다섯시 사이에는 수입차와 대형차가 가장 많이 나오고, 그다음에 대형차와 중형차가 나온다. 소형차는 아침 아홉시를 전후하여 나온다. 소형차를 타는 사람들은 수입차와 대형차를 타는 사람들이 모두 일터로 나가고 나서 서너 시간 뒤에 일하러 가는 셈이다. 바로 이런 차이가 평균적인 노력과 엄청난 노력의 차이를 설명하고, 비좁은 집과 넓은 저택의 차이를 낳는 원인이기도 하다.

세상에 공짜는 없다. 이 말을 명심해야 한다. 타고난 재능이나 소질이 아무리 풍부해도 노력하지 않는 천재는 결국 아무것도 이루지 못하고 평범하게 살다 간다. 그런가 하면 평범하게 태어난 사람도 남들이 상상할 수 없는 노력과 훈련과 연습을 거듭하면, 천재보다 더 큰 성공을 이룰 수 있다. 그것이 심은 만큼 거두고 노력한 만큼 이루는 세상의 이치다.

이러한 사실을 잘 보여주는 사례가 19세기 가장 뛰어난 바이올리니스트 중 한 사람이었던 스페인 출신 연주가 파블로 데 사라사테Pablo de Sarasate다. 수많은 비평가와 대중이 그를 천재라고 부르며 아낌없는 찬사를 보냈지만, 정작 그는 그런 말을 인정하지 않았다.

천재라니! 나는 지난 37년간 하루에 열네 시간씩 연습했다. 그런 사실은 생각지도 않고 사람들은 나를 천재라고 부른다.

결국 재능 덕분에 저절로 천재가 되는 것이 아니라, 끊임없는 노력과 엄청난 훈련을 통해 천재가 되는 것이다. 천재가 되고 싶다면 평범한 사람보다 더 많이 노력하고 훈련하면 되고, 더 많은 열매를 얻고 싶다면 남들보다 더 많이 심으면 된다.

조각 작품 「생각하는 사람」으로 유명한 오귀스트 로댕 역시 천재가 되는 길은 열심히 노력하는 것뿐이라는 사실을 알고 있었다.

> 천재? 그런 것은 존재하지 않는다. 다만 열심히 노력할 뿐
> 이다. 그것이 방법이다. 그저 끊임없이 계획하고 실천하는
> 것이다.

로댕의 말처럼 우리가 생각하는 그런 천재는 없다. 노력 없이 재능이나 능력이 처음부터 뛰어난 사람은 없다는 뜻이다. 천재가 되고 싶다면 천재가 될 만한 엄청난 노력과 무수한 훈련과 끝없는 시도가 필요하다. 이런 사실은 우리 삶의 가장 근본적인 질서를 조율하는 자연의 법칙에서도 찾아볼 수 있다.

사실 자연보다 위대한 스승은 없다. 위대한 사람들 역시 자연의 순리를 따랐기에 그들의 위대함이 오래도록 기억된다. 자연이 인간에게 보여주는 여러 가지 법칙 가운데 하나는 '양에서 질이 나온다'는 것이다. 다시 말해, 무수히 많은 것을 만들어봐야 무수히 많은 실패를 넘어서는 성공도 나오고 대작도 나온다는 뜻이다.

개구리를 보자. 그들은 산란기가 되면 대략 3000개의 알을 낳는

다. 그중에서 올챙이로 성장하는 것은 수십 마리에 지나지 않는다. 그리고 그 수십 마리 올챙이 중에서 개구리가 되어 살아남는 것은 몇 마리 되지 않는다. 개구리가 실패를 두려워하여 엄청난 양의 알을 낳지 않는다면, 그나마 몇 마리도 세상 빛을 보지 못할 것이다. 하지만 개구리들은 실패에 대한 두려움도 아쉬움도 후회도 없다. 묵묵히 시도하여 결국 종족 번식에 성공한다. 수천 번의 실패를 딛고 몇 번 성공하는 것이다. 이것이 자연의 법칙이다. 이런 자연의 법칙은 성공을 하려면 수많은 실패가 필연적으로 선행되어야 한다는 냉혹한 진실을 설득력 있게 보여준다.

전설적인 야구 선수 베이브 루스를 보자. 그는 평생 714개의 홈런을 쳐서 전설적인 홈런왕이 되었다. 사람들은 그가 친 홈런의 개수만을 기억한다. 하지만 그는 그렇게 많은 홈런을 치기 위해 홈런 개수보다 두 배나 많은 1330번의 삼진 아웃을 당했다.

야구만이 아니다. 예술이든 사업이든 학문이든 모든 분야에서 적용되는 법칙이다. 스탠퍼드 경영대학원의 로버트 서튼Robert I. Sutton 교수는 『역발상의 법칙』에서 우리가 잘 알고 있는 모차르트, 셰익스피어, 피카소, 아인슈타인, 다윈 같은 천재들이 천재성을 타고났기 때문이 아니라, 엄청난 노력과 수없이 거듭한 창작 활동을 통해 남들보다 '더 많이, 더 다양하게 시도했기에' 위대한 작품을 남길 수 있었다고 확고하게 주장한다. 다시 말해 그들이 자신의 일을 남들보다 더 잘했거나 결과를 도출하는 속도가 더 빨랐기 때문이 아니라, 더 다양한 아이디어를 내고 더 많은 결과물을 만들어내고자 부단히 노력한 덕분이라는 것이다. 따라서 천재들은 다른 사람들보다 성공도 많이 했지만, 그만큼 실패 또한 많이 했다는 중요한 사실을 지적한다.

데이비드 베일즈는 『예술가여, 무엇이 두려운가』라는 책에서 '양에서 질이 나온다'는 사실을 실제로 입증한 실험을 예로 든다.

수업 첫날 도예 선생님이 학급을 두 그룹으로 나누어, 작업실의 왼쪽에 모인 그룹은 제출하는 작품의 양을 기준으로 평가하고, 오른쪽에 있는 그룹은 질을 기준으로 평가하겠다고 말한다. 평가 방법은 간단하다. 수업 마지막 날 저울을 가지고 와서 양으로 평가하는 집단의 작품을 저울로 무게를 재어 20킬로그램이 넘으면 A 학점을 주고, 15킬로그램이 넘으면 B 학점을 주는 식이다. 반면에 질을 기준으로 평가하는 집단의 학생들은 A 학점을 받을 만한 완벽한 작품 한 점만을 제출해야 한다.

드디어 평가의 시간이 왔다. 그런데 이상한 일이 생겼다. 가장 훌륭한 작품들은 모두 양을 기준으로 평가한 집단에서 나온 것이다. 양을 기준으로 삼은 집단은 부지런히 많은 작품을 만들면서 실수를 통해 배우고 완성도를 높여갔지만, 질을 기준으로 삼은 집단은 가만히 앉아서 어떻게 하면 완벽한 작품을 만들까 하는 궁리만 하다가 결국 방대한 이론들과 점토 더미 말고는 내보일 것이 아무것도 없었던 것이다.

이는 훌륭한 작품 하나만을 만들겠다고 거기에 모든 것을 투자하고 결과에만 집착하기보다는 시행착오를 두려워하지 않고 자유롭게 실행하다보면, 물론 그중에서 버려야 할 것도 많겠지만 결국 훌륭한 작품이 나온다는 사실을 보여준다.

'양에서 질이 나온다'는 말을 달리 해석하면 '수많은 실패 중에 보석 같은 성공이 숨어 있다'는 의미로 해석할 수 있다. 실제로 많이 실패한 사람이 큰 성공을 거두는 사례를 우리는 주위에서 자주 보곤 한다. 이러한 사실은 치열한 비즈니스 현장에서 오랜 세월 기업을 경영해온 베테랑 기업가의 확인으로 충분히 증명되고도 남는다. 실제로 IBM의 창업주 토머스 왓슨 1세는 "성공을 원한다면 실패율을 2배로 높여라"라고 말했다.

최고를 만들려는 생각만 가득하고 실질적인 행동은 하지 않는 전략적 선택보다는 실패하더라도 수많은 시도를 택하는 편이 훨씬 유리하다는 사실은 역사적 사례에서도 찾아볼 수 있다.

3차에 걸쳐 일어난 포에니 전쟁을 봐도, 승패는 단순히 군대의 강약이 아니라 반복적인 패배의 관리에 달렸다는 사실을 알 수 있다. 포에니 전쟁은 기원전 264년에 시작되어 기원전 146년까지 이어진 로마와 카르타고 사이의 지중해 패권 다툼이었다. 어떤 때에는 로마가 승리하고, 어떤 때에는 카르타고가 승리했다. 2차 포에니 전쟁 때에는 카르타고를 이끈 명장 한니발 장군의 전략 덕분에 수적 열세였던 병력으로 대승을 거두었다. 두 배나 가까운 8만의 로마군 중에서 귀족 80명을 포함하여 6만 명이 학살당한 칸나에 전투에서였다. 이 전투로 로마 시민들은 공포에 빠졌고, 한니발은 두려움의 대상이 되었다. 이처럼 큰 승리를 거두었던 카르타고는 결국 멸망했고, 로마는 카르타고를 무너뜨림으로써 거대한 제국으로 발돋움할 발판을 얻었다.

양쪽 모두 수많은 전투에서 패배를 경험했지만, 한쪽은 결국 승리하고 다른 한쪽은 패망한 이유는 무엇일까? 단순히 군사력의 차이라고 할 수는 없다. 로마는 수많은 패전과 실패를 부끄럽게 생각하기보다는 더 나은 공격을 위한 교훈으로 삼았다. 중요한 전투에서 진 패장에게도 다시 기회를 주었고, 패배를 경험 삼아 똑같은 실수를 저지르지 않고 더 나은 방법으로 공격할 수 있게 해주었다. 로마는 한니발과 같은 명장은 한 명도 없었지만, 이런 과정에서 과감하고 다양한 도전과 시도를 할 수 있었고 궁극적으로는 승리를 거두게 되었다. 그러나 카르타고는 실패를 용납하지 않아 장군들이 과감하게 도전하거나 모험을 감행할 수 없었다. 대승을 거두었던 한니발조차 젊은 로마 장군 스키피오에게 한 차례 패배하자 카르타고는 너무도 나약하고 비겁하게 대응했다. "우리는 이번 전쟁과 무관하며 모든 책임은 한니발 개인에게 있다"면서 로마에 거액의 배상금을 매년 바치는 한편 한니발을 소환하겠다고 약속했던 것이다.

기원전 202년 북아프리카 자마에서 한니발이 스키피오와 세기의 결전을 벌였다 패배하자 카르타고는 다시 일어서지 못했다. 포에니 전쟁 과정에서 패배한 숫자나 전사자의 수를 따져보면 카르타고가 그리 열세가 아니었음을 알 수 있다. 결국 어느 쪽이 더 많이 공격을 시도했는지, 더 끈질기게 도전했는지에 따라 승패가 결정되었던 것이다.

이런 역사는 우리에게 많은 것을 시사하지만, 그중에서도 가장 중요한 것은 결코 도전을 멈추지 말라는 것이다. 멈춤은 곧 포기를 뜻한다. 흐르는 강물에서 헤엄치며 앞으로 나아가기를 멈춘다는 것은 곧 물살에 휩쓸려 떠내려간다는 것을 의미한다. 많이 실패했다는 것은 활발하게 도전하고 있다는 증거다. 하지만 실패하지 않는다는 것은, 그 사람이 신이거나 어떤 도전도 하지 않았다는 의미일 뿐이다.

성공의 수레를 끄는 두 바퀴는 열정이나 끈기나 노력이나 재능이 아니다. 그것은 실패와 좌절이다. 실패와 좌절 없이 성공한 사람은 없다. 실패와 좌절은 나약한 사람을 더욱 나약하게 만들지만, 스케일이 큰 사람을 더욱 성공적인 사람으로 만드는 시금석이다. 실패와 좌절을 많이 겪고, 그것을 딛고 일어선 사람일수록 큰 인물이 되어 큰 성공을 거둘 수 있다.

냇가에는 윤이 나고 예쁜 돌멩이도 있고, 광택이 없고 거칠고 못생긴 돌멩이도 있다. 물결에 얼마나 깎이고 다듬어졌느냐의 차이일 것이다. 인류의 문명도 도전과 응전의 역사이듯이 우리 인생도 마찬가지다.

워싱턴 대학에서 대학원생들을 대상으로 '창조적 사고'라는 과목을 강의하고 이노베이션에 관한 글을 쓰는 스콧 버쿤Scott Berkun은, 『이노베이션 신화의 진실과 오해』에서 뉴턴의 사과나 아르키메데스의 유레카Eureka는, 그들이 그전에 얼마나 많은 시간과 에너지를 들여 연구하고 실패하고 좌절하고 또다시 연구했는지를 간과하고 결과만을 부각한 사례라는 점을 지적한다. 결론적으로 어떤 아이디어나 이노베이션도 우연하게 생겨나는 것은 절대 없다는 것이다. 그들이 그렇게 놀라운 발견을 하기까지 수천, 수만 번의 생각과 시도와 노력이 있었고, 그 때문에 그들은 수천, 수만 번의 실패와 좌절을 겪었다는 것이다. 버쿤은 이노베이션이 신의 영감이나 천재들의 전유물이 아니라, 실패를 두려워하지 않고 도전하는 집념의 성과라고 주장한다.

이노베이션은 천재들의 몫이라며 아예 도전할 생각조차 하지 않는 사람이 있다면 나는 버쿤의 책을 읽어볼 것을 강력하게 권한다. 이노베이션은 천재들의 전유물이 아니다. 예를 들어 진공청소기 분야에서 세계 최고의 제품을 만들어낸 제임스 다이슨은 일상생활에서 뭔가 잘 작동하지 않는 것을 발견하고 이것을 개선하는 데서 기쁨을 얻는다. 그는 수없이 시도하고 수없이 실패하지만 '실패를 두려워하지 않는 도전'이라는 아주 단순한 법칙 하나로 '세계적인 소비자 제품 발명가'라는 명성을 쌓았다.

'먼지 백' 없는 진공청소기를 개발하기 위해 5년간 무려 5126번의 정형화된 작업을 반복할 정도로 그는 실패를 즐기는 인물이다. "실패는 성공의 어머니다"라는 격언을 모르는 이는 없겠지만, "실패와 좌절 없이 이노베이션은 없다"라는 것이 바로 학교에서 가르쳐주지 않는 이노베이션의 비법이라는 것을 그는 잘 알고 있었다. 그의 주장을 한마디로 요약하면 실패와 좌절 없이 어떤 이노베이션도 있을 수 없다는 것이다. 성공을 위해서는 반드시 실패와 좌절의 경험이 필요하다. "실패를 통해 성공을 일궈라. 낙담과 실패는 성공에 이르는 가장 확실한 주춧돌이다"라고 충고했던 데일 카네기도 이러한 사실을 잘 알고 있었음이 틀림없다.

그의 말대로 좌절과 실패는 성공에 이르는 가장 확실한 주춧돌이다. 실패와 좌절은 성공이라는 수레를 끌고 정상으로 올라가는 데 반드시 필요한 두 개의 바퀴이다.

『리치』의 저자이며 백만장자인 리처드 세인트 존Richard St. John은 10년간 성공한 사람 500명을 만나 여덟 가지 성공 법칙을 밝혀냈다. 그중 마지막 법칙이 바로 '더 많이 실패하고 더 끈질기게 앞으로 나아가라'는 것이다. 그는 모든 성공한 사람은 반드시 실패한다고 말한다. 그리고 성공하고 싶다면 당신 역시 실패할 것이라고 경고한다. 실패는 일종의 로드맵과 같은 것이어서, 성공한 사람은 누구나 실패의 흔적을 바라보며 새로운 성공의 길을 발견하게 된다고 한다. 영국인 기자이자 작가인 넬슨 보스웰Nelson Boswell이 말했듯이 "위대함과 평범함의 차이는 그 사람이 실수를 어떻게 바라보느냐에 달려 있다". 실수를 어떻게 바라보느냐에 따라 새로운 성공의 길을 발견할 수 있을 수도 있고, 그러지 못할 수도 있다.

나무는 바람에 흔들리면서 하늘을 향해 자라고, 인간은 실패와 좌절을 통해 성공으로 나아간다. 따라서 실패와 좌절을 두려워하지도 말고 회피하지도 마라. 담대한 용기와 행동은 이런 것들을 불러들이면서 동시에 성공도 불러들인다.

그리고 성공으로 향하는 길에 실패만큼이나 자주 만나는 걸림돌이 바로 거절이다. 거절에 강할수록 큰 성공을 거둔다는 사실을 설득력 있게 보여주는 사례가 있다.

미국의 어느 투자자문 기업의 회장에게 다음과 같은 질문을 던졌다. 투자 유치를 위해 열 명의 고객을 방문했는데 모두에게 거절당하고 마지막 열번째 고객과 1만 달러짜리 계약을 성사시켰다고 가정할 때, 이전 아홉 명이 거절한 것을 어떻게 봐야 할 것이냐는 질문이었다. 이에 대해 그는 보통 사람과 매우 다른 대답을 내놓았다.

"우리가 열 명의 고객을 만나 1만 달러짜리 계약이 성사된 것은 열 명의 고객을 만난 성과이지 열번째 고객을 방문한 결과가 아닙니다. 열 명의 고객이 각각 1000달러짜리 계약서에 서명한 것과 다름없습니다. 따라서 각각의 거절이 가져다준 수익은 각각 1000달러라는 계산이 나옵니다. 따라서 우리는 거절당할 때마다 '이 고객은 계약을 거절함으로써 우리에게 1000달러의 수익을 주었기에 반드시 미소와 감사로 그에게 보답해야 한다'라고 생각합니다."

결국 인생에서 큰 성공을 거둔 사람들은 반복되는 실패와 거절에도 아랑곳하지 않고 지칠 줄 모르는 열정으로 끝까지 도전한 사람들이다. KFC의 창업주인 할랜드 샌더스는 여객선 선원으로, 가축농장 인부로, 타이어 영업사원으로, 주유소 관리인으로, 열차 기관사로 실패만 거듭하다 겨우 나이 예순 살이 넘어서야 제대로 성공했다. 만약 그가 나이를 탓하며 새로운 일에 도전하기를 멈췄다면 우리는 그의 이름도, 지금의 KFC도 알지 못했을 것이다. 그뿐이 아니다. 스티브 잡스 역시 자신이 창업한 애플에서 쫓겨나는 인생 최대의 좌절을 경험했다. 그가 와신

상담하여 화려하게 복귀하지 못했더라면 우리는 아이폰이나 아이패드와 같은 혁신적인 제품을 만날 수 없었을 것이다. 120년에 이르는 미국 농구 역사에서 가장 위대한 선수, 농구의 황제로 불리는 마이클 조던 역시 고등학교 선수 시절에 실력이 부족하다고 평가받아 농구부에서 퇴출당하는 모욕적인 실패를 겪었다. 세계적인 축구 선수로 평가받는 박지성 선수 역시 고등학교 때까지 별로 두각을 나타내지 못했던 것은 잘 알려진 이야기다.

지금 이 순간 실패를 거듭하고 있다고 해서 5년 후, 10년 후에 세계 최고가 될 수 없다는 법은 없다. 오히려 실패와 거절을 거듭 겪은 사람만이 정상에 다다를 수 있다. 가능성은 누구에게나, 언제나 남아 있다.

파울로 코엘료는 인생에서 가장 힘든 절망의 순간에 가장 놀라운 가능성을 보았다고 고백한 적이 있다.

모든 것을 잃어버려 더는 잃을 것이 없는 상황에 이르렀을 때 내면에 '빛'과 같은 존재가 나타나는 것을 경험했다.

다시 말해 우리가 가장 밑바닥까지 내려갔을 때 가장 높은 곳으로 다시 올라가게 하는 무언가를 발견하게 된다는 것이다. 가장 큰 역경에 처했을 때 우리는 가장 큰 힘이 솟아난다. 위대한 영웅들은 대부분 어렸을 때 온갖 시련을 겪었고, 그것이 그들을 위대한 인물로 성장하는 데 밑거름이 되었다. 산이 높을수록 골도 깊다. 역경이 혹독할수록 그것을 이겨내면 더 큰 사람으로 성장한다. 햇빛이 강할수록 그늘도 짙다. 그렇기에 시련이 닥쳐도, 모든 것을 잃는다 해도, 담대하게 행동하고 도전을 멈추지 않을 때 더 큰 보상이 따른다.

이는 더 크게 성공하기 위해 사전에 준비된 대로 시련과 역경이 주어진다고 생각해야 한다. 죽지 않고는 부활이 있을 수 없고, 땅속에 파묻히는 씨앗이 없다면 열매가 없으며, 차갑고 어두운 밤이 없다면 새벽이 없고, 춥고 배고픈 겨울이 없다면 봄도 없는 것처럼 인생도 이와 마찬가지임을 알아야 한다. '산이 높으면 골도 깊다'는 뜻의 산고곡심山高谷深을 잊지 말아야 한다. 좋은 일이 있으면 반드시 나쁜 일도 있고, 어려움과 시련이 있으면 반드시 기쁜 날이 온다. 이는 동전에 앞면과 뒷면이 동시에 존재하는 것과 마찬가지 이치이다. 많이 실패하면 반드시 그에 비례하여 많은 성공을 거둔다. 이런 사실을 명심하고 있으면 더욱 담대하게 도전할 수 있다. 또한 승승장구할 때가 있으면 반드시 연전연패할 때도 있다는 사실을 명심하고 늘 겸손해야 한다.

결론은, 높은 지위나 많은 재산이 있다고, 그리고 성공을 많이 했다고 절대 교만하거나 자만하지 말라는 것이다. 오르막이 있으면 반드시 내리막이 있다는 사실을 명심하고 자신을 부단히 채찍질하는 사람은 더욱 높이 올라갈 수 있지만, 자신의 지위나 재산만 믿고 타인들과 주위 사람들에게 안하무인으로 행동하면 자신의 성장과 발전은 고사하고 주위 사람들에게 미움만 사게 된다.

큰 그릇은
더디게 완성된다

유대계 독일 작가로 인간의 불안과 부조리를 성찰하여 실존주의 문학의 선구자로 평가받는 프란츠 카프카는 인간의 가장 큰 약점의 하나로 조급함을 들었다. 싹이 나오기도 전에 씨앗이 잘 자라는지 확인하려고 마음 졸이며 땅을 파헤쳐보는 사람이 어떻게 풍성한 열매를 기대할 수 있겠는가. 큰일을 하는 사람일수록 조급함을 버려야 한다.

중국 전국시대 말기의 철학자 순자는 「권학勸學」 편에서 조급함에 대해 이렇게 말한다.

> 지렁이는 날카로운 발톱이나 이빨, 단단한 뼈나 근육은 없지만, 땅속으로 파고들어 흙을 먹어치우고, 지하 깊은 곳의 샘물을 마신다. 이것은 지렁이가 한 가지 일에 전심전력

하기에 가능한 것이다. 게는 다리 여덟 개와 집게발 두 개가 있지만, 뱀이나 지렁이처럼 동굴을 파지는 못한다. 게가 안식처를 갖지 못하는 것은 조급하고 경솔하여 한 가지 일에 몰두하지 못하기 때문이다.

조급한 마음이 일을 그르친다는 경고다. 실제로 우리는 주변에서 조급하고 경솔하여 모든 일에 안달복달 변덕을 부리다 끝내 어떤 결과도 내지 못하는 사람을 흔히 보곤 한다. 마음이 조급해지면 객관성을 잃어 판단이 흐려지며, 이치와 상황을 고려하지 못해 결국 일을 그르치게 된다. "Slow and steady wins the race(느리더라도 꾸준히 임하면 경주에서 이긴다)"라는 영어 속담이 있다. 느리지만 진득한 거북이가 날쌔지만 경망스러운 토끼를 경주에서 이기는 우화의 교훈을 요약하고 있다.

조급증이 실제로 성공에 장애가 된다는 사실은 양자물리학에 바탕을 둔 '관찰자 효과'를 통해 증명된 사실이기도 하다. 물질을 가열할 때 관찰자의 심리 상태에 따라 더디게 가열되거나 빠르게 가열되는 현상을 증명한 것이다. 예를 들어 물이 들어 있는 냄비에 달걀을 삶을 때, 조바심하면서 물이 빨리 끓기를 기다리며 바라보고 있으면 실제로 물은 더디게 끓는다. 이런 현상을 증명하기 위해 실험자는 전자파를 발사하여 베릴륨 원자 5000개를 가열해보았다. 여기서 원자들은 냄비 속의 달걀이고, 전자파는 냄비를 가열하는 불인 셈이다. 그런데 놀랍게도 관찰자가 원자들이 가열되는 상태를 한 번도 바라보지 않았을 때 원자들은

100퍼센트 익었고, 네 번 바라보았을 때 3분의 1만 익었으며, 바라보는 횟수가 늘어날수록 익는 정도가 줄어드는 현상이 확인되었다.

우리가 달걀을 삶을 때 물이 빨리 끓기를 기다리며 조바심하면, 머릿속에서 끓고 있는 냄비가 아니라 끓지 않는 냄비의 이미지를 그린다. 그럴 때 냄비 속의 물은 우리 머릿속에 형성된 끓지 않는 냄비 이미지를 읽고 이것을 실제로 구현하기 때문에 끓는 속도가 느려진다. 그러나 조급한 마음을 버리고 '때가 되면 끓겠지'라며 침착하게 기다리면 오히려 물이 더 빨리 끓는다는 것이다.

이처럼 어서 성공하고 싶은 조급한 마음, 어서 큰돈을 벌고 싶은 조급한 욕심 때문에 오히려 성공과 치부를 더디게 하거나 일을 그르치는 것도 문제지만, 남보다 이르게 성공하고 빠르게 정상에 도달한 것이 긴 안목으로 볼 때 반드시 긍정적인 현상이라고는 말할 수는 없다.

중국 북송北宋 중기의 유학자이며 형 정호程顥와 함께 정주학을 창시한 인물로 알려진 정이程頤는 인생의 불행으로 세 가지를 꼽는다.

少年登科 席父兄弟之勢 有高才能文章 人生三不幸
소년등과 석부형제지세 유고재능문장 인생삼불행

즉 어린 나이에 과거에 급제하는 것, 부모나 형제의 권세가 높은 것, 뛰어난 재주와 문장력을 말한다. 일찍 출세하면 교만해질 수 있고,

권세 있는 부모 형제를 만나면 스스로 성공하려고 노력하지 않게 되며, 재주가 많고 문장이 출중하면 자만하여 안일해질 수 있다는 것이다.

우리는 20대, 30대에 큰 성공을 거두어 확고하게 자리잡은 사람들의 성공 신화에 열광하고 부러움을 느끼지만, 자신의 성공이 더디다고 해서 위축될 필요는 없다. 일찍 핀 꽃은 먼저 시들고, 오르막이 있으면 내리막이 있는 것이 세상의 이치다.

호박씨를 땅에 심고 석 달이 지나면 호박이 주렁주렁 열린다. 하지만 한두 끼 반찬으로 먹고 나면 남는 것이 없다. 하지만 도토리를 심어보라. 옹골찬 참나무로 자라기까지 수십 년을 기다려야 한다. 그렇게 오랜 세월 동안 자란 참나무 재목으로 집을 지으면 100년은 거뜬히 견딘다.

대나무는 어떤가? 대나무는 나무가 아니라 볏과에 속하는 풀이다. 하지만 대나무는 풀의 삶을 뛰어넘어 나무와 같은 삶을 산다. 그 이유는 무엇일까? 성장 과정이 다르기 때문이다. 대나무 씨앗을 심으면 싹이 틀 때까지 얼마나 기다려야 할지 막막하기 짝이 없다. 1년이 지나도 죽순은 구경조차 하기 어렵다. 2년이 지나고 3년이 지나고 4년이 지나도 마찬가지다. 그래서 조바심을 내며 대나무 씨앗을 심은 곳을 파버리면 결국 아무것도 얻지 못한다. 죽순은 무려 5년 넘게 인내하며 기다린 사람에게만 자연이 베푸는 선물인 셈이다.

그동안의 인내를 보상이라도 하듯 대나무는 순이 돋기 시작하여 두 달도 채 되지 않아 3미터가 넘는 크기로 부쩍 자란다. 그 성장이 얼마나 빠르면 '우후죽순雨後竹筍'이라는 말이 생겼을까. 오랫동안 땅속에서 칠흑 같은 어둠을 견뎌낸 대나무는 여기저기서 세상을 향해 죽순을 밀어올린다. 그리고는 일취월장日就月將이라는 말을 실감할 만큼 빠르게 자란다. 이렇게 빨리 자라는 이유는, 5년 동안 땅속에서 수많은 마디가 이미 다 자란 덕분이다. 게다가 대나무는 다른 식물처럼 매년 꽃을 피워 씨를 맺는 것이 아니라 일생에 단 한 번, 대략 60년 만에 한 번 꽃을 피워 씨를 맺는다.

우리 주변에도 대나무 같은 사람과 기업이 있다. 그들은 오랜 세월 칠흑 같은 어둠 속 낮고 천한 곳에서 아무도 알아주지 않는 무명의 시절을 감내하며 준비한 것을 세상에 알리고 나면, 그때부터 하루가 다르게 성장하여 이른 성공을 거둔 사람과 기업을 단숨에 능가한다.

이와 같은 대기만성大器晚成의 사례를 말할 때 반드시 언급하는 인물이 있다. 그는 목사로서 50대가 될 때까지 성공을 서두르지 않았고 조급해하지도 않았다. 수십 년간 사람들에게 용기와 감동을 주었던 설교의 내용이 차곡차곡 쌓이자 책 한 권이 되고도 남을 분량의 원고가 되었고, 그는 용기를 내어 출판사에 보냈다. 하지만 아무도 50대 무명의 목사가 쓴 원고에 관심을 보이지 않았다. 수십 차례 거절당하자 크게 실망한 그는 원고를 쓰레기통에 던져버렸다. 그의 행동에 놀란 그의 아내는 원고를 쓰레기통에서 꺼내 보관했다. 그리고 다음날 그녀는 그의 원고를 가지고 다른 출판사를 찾아갔고, 그 원고는 출판사 사장의 눈에 띄어 책으로 출간되었으며, 세계적인 베스트셀러가 되어 지금도 널리 읽히고 있다. 그렇게 출간된 책이 바로 『적극적인 사고방식』이며, 저자는 세계적인 베스트셀러 작가인 노먼 빈센트 필Noman Vincent Peale 박사다.

그의 사례에서도 확인할 수 있듯이 세계적인 성공은 하루아침에 이루어지지 않는다. 필 박사도 평생 목자로 살아오며 수십 년간 설교한 내용이 있었기에 많은 사람에게 사랑받는 책을 쓸 수 있었다. 만약 그가 성공에 목말라 20대나 30대에 설익은 내용으로 조급하게 책을 출간했다면 그 책이 과연 베스트셀러가 될 수 있었을까?

같은 맥락에서 중국 전한前漢 때 재상이었던 공손홍公孫弘의 일화도 새겨볼 만하다. 그는 젊었을 때 옥리獄吏로 생활하다 어떤 사건에 연루되어 파직당하고, 결국 바닷가에서 돼지를 키우며 가난하게 살았다. 그러던 중 나이 마흔이 넘어서야 비로소 학문에 뜻을 두고 공부하기 시작했다. 그리고 그 공부의 결실은 무려 20년 후에야 나타나, 예순이 되었을 때 정계에 입문하게 되었다. 그리고 거의 여든 살이 되어서야 승상丞相의 자리에 올랐다. 당시에는 제후들만 승상이 될 수 있었기에 그의 신분으로는 불가능한 자리에 오른 것과 다름없었다.

사실 공손홍에 대한 역사적 평가는 다소 엇갈린다. 예를 들어 국가 중대사가 있을 때 공손홍은 대처 방안의 장단점을 모두 이야기하여 황제가 스스로 결정하게 했다고 한다. 황제의 뜻을 최대한 반영한 유능한 참모라는 평가도 받지만, 책임을 회피하는 영악한 참모라고 평가받기도 한다. 그러나 이런 평가를 떠나 공손홍은 청렴하기로 이름이 높았다.

언제나 거친 베옷을 입었으며 도정하지 않은 쌀로 밥을 지어 먹었고, 밥상에 고기가 오르는 일이 드물었다고 한다. 주위에서 그를 시기하는 사람이 "공손홍은 지위도 높고 봉록도 많이 받는데 베 이불을 덮고 자는 위선자입니다"라고 하자 그는 이렇게 대답했다.

"제 결점을 정확히 지적했습니다. 명성을 낚으려고 베 이불을 덮고 잤다는 말은 맞습니다. 제나라 재상 관중은 주군을 패자로 만들었지만, 사치를 부리고 건방졌습니다. 나라를 잘 다스린 재상 안영은 검소하여 백성과 비슷한 생활을 했습니다. 저는 고위 관료지만 베 이불을 덮어 대신부터 말단 관리까지 차별이 없게 하고자 했습니다."

우리는 공손홍의 삶에서 많은 교훈을 얻을 수 있다. 그중에서도 큰 그릇이 서서히 이루어진다는 사실을 몸소 증명했다는 점을 높이 들 수 있을 것이다. 그는 조급해하거나 아등바등하지 않고 묵묵히 자기 길을 걸어가면 끝내 기회를 잡고 성공할 수 있음을 보여주었다.

독일의 대문호 괴테는 "모든 것은 기다릴 줄 아는 사람에게 간다"라고 말했다. 아무리 대단한 재능이 있어도, 그리고 엄청난 노력을 기울였어도 그것이 싹 트고 자라서 열매를 맺으려면 무더운 여름이 지나가야 한다. 어떤 열매는 1년이면 열리지만, 어떤 열매는 수십 년을 기다려야 한다. 그 가치와 보상이 클수록 기다리는 시간도 그만큼 길어야 한다는 사실을 잊지 말아야 한다.

삶의 각 단계를
즐기고 사랑하라

일은 단순히 생계를 유지하는 수단이거나 하기 싫어도 억지로 해야 하는 과제가 아니다. 그보다 훨씬 더 심오한 의미가 담겨 있는, 매우 놀라운 인간 활동이다. 인간은 일을 통해 가장 인간다운 삶을 살아갈 뿐 아니라, 자신을 수양하고 자신을 완성하고 인격과 인간성을 고양한다. 인간은 일을 하면서 온갖 괴로움과 슬픔, 걱정과 근심을 잊고, 일 덕분에 그런 것들을 극복할 힘을 얻는다. 온 힘을 기울여 일하다보면, 스스로 강해지고 성장하는 자신을 발견하게 된다.

이러한 모든 것이 일이 우리에게 주는 선물이자 기쁨이며 이익이다. 성경의 「창세기」에는 인류의 조상 아담과 하와가 선악과를 따먹고 그 벌로 에덴동산에서 쫓겨나는 대목이 나온다. 창조주는 남자에게 땀 흘려 일해야 하는 고통을 주고 여성에게는 출산하는 고통을 주신다. 하지만 성경의 중간쯤에 나오는 솔로몬의 「전도서」에 보면, 다음과 같은 의미심장한 대목이 나온다.

> 사람이 사는 동안에 기뻐하며 선을 행하는 것보다 나은 것이 없는 줄을 내가 알았고, 사람마다 먹고 마시는 것과 수고함으로 낙을 누리는 것이 하나님의 선물인 줄을 또한 알았도다.

삶에서 인간에게 가장 좋은 것은 기뻐하며 선을 행하는 일이고, 하느님의 선물은 인간이 먹고 마시는 것과 수고함으로 낙을 누리는 것이다. 그렇게 인간이 일을 통해 즐거움을 누리는 것은 하느님의 선물이라는 것이다.

18세기 프랑스의 작가이자 대표적인 계몽사상가인 볼테르는 철학소설 『캉디드』를 통해 세상이 얼마나 인간에게 잔인하고 비극적인 곳인지를 풍자적으로 묘사했다.

순박하고 고지식한 소년 캉디드는 베스트팔렌의 툰더 텐 트롱크 남작의 궁전에서 남작의 아들과 그의 누이동생 퀴네공드와 함께 팡글로스의 교육을 받으며 자란다. 팡글로스는, 세상은 최선으로 이루어졌다고 믿는다. 볼테르는 이 팡글로스라는 인물을 통해 '하느님이 창조한 세계는 최대한 선한 것이며, 악은 점점 사라진다'고 주장한 독일의 철학자이자 수학자 라이프니츠의 낙천주의를 풍자한다. 반면에 캉디드가 베네치아로 가는 배에서 만난 철학자 마르틴은 비관주의자의 전형이다. 아내에게 재산을 빼앗기고, 아들에게 언어맞고, 딸에게 버림받은 이 철학자는 세상이 최악으로 치닫고 있다고 믿는다. 캉디드가 마르틴에게 "이 세상은 무슨 목적으로 만들어졌습니까?"라고 묻자 그는 "세상은 우리를 괴롭히려고 만들어졌지요"라고 대답한다.

인간을 괴롭히려고 창조된 세상, 고통과 비극과 슬픔으로 가득 찬 세상에 관해 이야기하는 이 소설에서 볼테르는 풍자와 해학을 절묘하게 버무려 독자에게 큰 웃음을 선사한다. 험악한 세상에서 동떨어져 남작의 궁전에서 지내던 캉디드와 그의 스승 팡글로스는 이 세상이 최선으로 이루어져 있다고 순진하게 믿지만, 막상 세상에 나아가 온갖 고난과 역경을 경험하고 나자 비관적으로 변한다. 하지만 비관만 할 수는 없다. 작가는 이 세상에 슬픔과 고통과 비극이 엄연히 존재한다는 사실을 냉정하게 인정하고, 결론적으로 인생을 견딜 만한 것으로 만들어주는 유일한 대응책은 바로 노동이라고 역설한다. 소설의 끝 부분에서 시골의 작은 마을에 정착한 캉디드와 그 일행에게 터키인 두 명이 지혜의 비결을 들려준다. 그것은 묵묵히 자기 정원을 가꾸는 것, 다시 말해 설령 세상이 최선의 상태에 있다 하더라도 자기 정원은 자기가 가꾸어야 한다는 것이다.

"저도 알고 있습니다." 캉디드가 말했다. "우리는 우리의 정원jardin을 가꾸어야 해요."

"자네 말이 맞네." 팡글로스가 말했다. "신이 인간을 에덴 동산le jardin d'Eden에 살도록 한 것은 그곳을 가꿀 관리자로 서 있으라는 뜻이었지. 그것이 바로 인간이 휴식을 위해 태어나지 않았음을 증명하는 것일세."

"이러쿵저러쿵 따지지 말고 일합시다. 그것이 인생을 견딜 만하게 해주는 유일한 방법이에요." 마르틴이 말했다.

창조주는 비록 인간을 에덴동산에서 추방하여 슬픔과 고통뿐인 세상으로 쫓아버렸지만, 인간에 대한 사랑을 여전히 간직하고 있기에 '노동'이라는 선물을 주셨다는 의미로 해석할 수 있다.

일하는 기쁨이 없다면 많은 이가 절망 속에서 헤매게 될 것이다. 로마 속담에 인간을 행복하게 하는 것은 일과 사랑이라고 했듯이, 일은 사랑만큼이나 강렬하게 인간을 고양하고 더 나은 존재가 되게 하는, 신의 선물이다.

따라서 어떤 일을 하든 가장 중요한 것은 그 일을 진정으로 즐기는 자세다. 우리가 어떤 분야의 대가가 된다 해도, 그것을 알기만 한다면 참된 대가라고 할 수 없다. 그 일이 자신의 뼛속까지 스며들어 일체가 되어야 한다. 의무적으로 그 일을 열심히 하는 사람과 그 일을 진정으로 즐기는 사람은 단기적으로는 차이가 나지 않을 수 있다. 하지만 10년 동안, 20년 동안, 심지어 평생 똑같은 열정과 자세로 일할 수는 없다. 따라서 오로지 생계나 치부를 위해 그 일을 하는 사람과 진정으로 그 일이 좋고 즐거워서 하는 사람 사이에는 간격이 벌어지게 마련이다.

이런 사실을 잘 알고 있었던 공자는 유명한 말을 남겼다.

어떤 일을 할 때 아는 자는 좋아하는 자만 못하며, 좋아하는 자는 즐기는 자만 못하다(知者不如好者, 好者不如樂者).

나는 대학을 졸업하고 대기업에 들어가 사회생활을 시작했다. 몇 년간은 일을 즐기며 할 수 있었다. 그러나 문제는, 평생을 걸고 할 만한 일은 아니라는 점이었다. 동기 중에는 자기 사업을 시작하기 전에 좋은 회사의 시스템과 기업 문화와 경영 기술 등을 배우려고 3년만 다녀볼 생각으로 입사한 친구도 있었다.

입사 후 10년이 지나자 이도 저도 아닌 상황에 놓였다. 어떤 업무에 투입되어 일과 직접 씨름할 때 가장 큰 기쁨을 느끼던 내가 부하 직원들에게 일을 나눠주고, 그것을 조율하는 관리자의 자리에 앉았기 때문이다. 그때부터는 일에서 즐거움도 성취감도 느낄 수 없었고, 아무것도 스스로 할 수 없다는 무기력증에 빠져버렸다. 결국 나는 직장을 그만두고 즐거움을 얻을 수 있는 다른 일을 찾았고, 이제 그 일에서 큰 기쁨을 느끼며 살아가고 있다.

어떤 일을 하면서 마음속에서 '그래, 바로 이거야!'라는 함성을 지르며 일하는 사람이 과연 몇이나 될까? 그런 점에서 나는 행운아라고 할 수 있다. 일을 오롯이 즐기는 자는 그 일을 잘할 수밖에 없다. 공자뿐 아니라 데일 카네기도 "자신이 하는 일을 재미없어하는 사람치고 성공하는 사람은 보지 못했다"라고 했다.

『한국인 성공의 조건』의 저자 한근태는 성공한 한국인들을 찾아다니며 직접 인터뷰하고, 그들의 강연을 듣고, 설문 조사를 진행하여 그들이 어떻게 성공했는지, 그리고 그들에게 어떤 공통점이 있는지 분석하여 소개했다. 그가 확인한 성공 조건 중 하나는 '좋아하는 일, 잘하는 일을 찾아서 그 일을 즐기는 것'이었다. 그는 잘하고 좋아하고, 그것으로 돈을 벌고, 그 자체로 인생의 목표가 되는 일을 '라이프워크life work'라고 부른다. 그리고 그가 말하는 성공의 조건은 일을 열심히 하거나 잘해내는 것만이 아니라 바로 일을 즐기는 것이었다. 「행복한 부자」 시리즈를 쓴 혼다 켄本田健 역시 이 말에 동의한다.

> 자신이 잘하고 좋아하고 돈을 벌 수 있고, 인생의 목표가 되는 일인 라이프워크를 하는 사람은 일 자체가 좋아서 어쩔 줄 모른다. 다시 태어나도 그 일을 하겠다고 말하며 심지어 수입에는 관심조차 없다.

그리고 라이프워크를 하는 사람들이 단 한 가지 후회하는 것이 있다면, 그 일을 좀더 일찍 시작하지 않았다는 것뿐이라는 것이다.

자신이 하는 일이 좋아서 늘 들떠 있는 사람을 본 적이 있는가? 그런 사람은 돈이나 명예 때문이 아니라 순수하게 일에 미쳐 있기에 아무도 그를 당해낼 재간이 없다. 이것이 즐기는 자가 결국 행복한 승자가 되는 이유다.

하루는 어느 기자가 발명왕 에디슨에게 "하루에 열여덟 시간이나 연구소에서 일하면 힘들지 않나요?"라고 물었다. 그러자 에디슨은 의아해하면서 "나는 평생 단 하루도 '일'이라는 것을 해본 적이 없습니다. 모두 즐거움이었죠"라고 대답했다.

『사소한 것에 목숨 걸지 마라』의 저자 리처드 칼슨Richard Carlson은 "삶의 목적은 모든 것을 이루는 것이 아니라, 도중에 만나는 모든 단계를 즐기면서 사랑이 가득한 삶을 사는 것이다. 이것을 기억한다면 해야 할 일을 모두 끝내야 한다는 강박관념에서 벗어날 수 있을 것이다"라고 말했다.

그는 삶에서 가장 중요한 것은 '즐겁게 사는 것'이라고 말한다. 즐겁게 살수록, 그리고 그 즐거움이 지혜와 창의성과 약간의 노력과 결합하면 성공할 가능성도 더욱 커진다는 것이다. 실제로 죽음이 임박했을 때 그동안 살아온 인생을 돌이켜보면서 벌어놓은 돈의 액수나 모아놓은 재산의 양을 잣대로 자기 삶을 평가하는 사람은 없을 것이다. 그는 누구나 후회하는 한 가지는, 생전에 즐거움을 누리지 못했다는 사실이라고 말한다.

그의 말대로 삶의 목적은, 무언가를 얻으려고 아등바등 몸부림치는 것이 아니라 삶의 각 단계를 즐기고 사랑하면서 사는 것이다.

즐거움은
지혜와 창의력의 원천이다

즐거움은 삶에서 지혜와 창의력의 원천이 되고, 성공의 가능성을 더욱 확대한다. 이러한 사실을 실제로 입증한 기업가가 있다. 바로 리처드 브랜슨이다. 그는 『닥터 예스』에서, 즐겁게 일하다보면 자연스럽게 성공하게 되고 돈이 따라온다는 사실을 자신의 경험을 바탕으로 소개했다.

그는 여러 가지 사업을 하면서 살아왔지만 돈을 벌기 위해 사업을 한 적은 한 번도 없었다고 고백한다. 사업에서 재미를 느끼고 즐겁게 일하다보니 돈이 자연히 따라왔다는 것이다.

그의 말대로 우리는 지금 하고 있는 일이 재미있는지, 그 일을 하며 행복을 느끼는지를 가장 먼저 스스로 물어봐야 할 것이다. 만약 지금 하는 일이 즐겁지 않다면 그 이유를 곰곰이 생각해봐야 한다. 그리고 그 원인을 해결할 수 없다는 판단이 서면 어서 그 일을 그만두어야 한다. 무엇보다도 **행복하지 않게 시간을 보내기에는 인생은 너무 짧기 때문이다.** 아침에 일어나면서부터 스트레스가 밀려오고 비참한 기분으로 일터에 나간다면, 그것은 자신의 내면이 어서 다른 삶을 선택하라며 절박하게 신호를 보내는 것이다.

일이 주는 즐거움을 대체할 수 있는 것은 아무것도 없다. 일하는 것이 즐겁지 않다면 아무리 크게 성공하고 부를 얻어도 무의미하다. 따라서 즐겁게 일했다면 그것으로 충분하다. 좋은 결과는 덤으로 따라올 뿐이다.

신기하게도 위대한 기업가들은 한결같이 일을 즐겼다. 『일본전산 이야기』라는 책으로 우리나라에서도 널리 알려진 일본전산의 대표 나가모리 시게노부永守重信는 파격적인 경영으로 매우 유명한 기업가다. 가정집 창고에서 회사를 창업해 현재 140여 개 계열사에 13만 명의 종업원을 거느린 매출 8조 원대의 그룹으로 성장시킨 그는, 자신의 성공 비결을 남보다 두 배 더 일한 데서 찾는다. 그리고 그렇게 할 수 있었던 가장 결정적인 이유는 일이 즐거웠기 때문이라고 고백한다.

저는 돈이 많습니다. 그런데 왜 새벽 다섯시 삼십분에 일어나서 밤까지 일할까요? 일이 즐겁기 때문입니다. 일본전산에는 회사를 키우는 즐거움, 새로운 회사를 만들고 다른 기업을 인수해서 키우는 즐거움이 있습니다.

일이 즐겁기에 남보다 더 많이 일하고, 더 많이 일해도 덜 피곤하다는 것이다. 일이 즐겁기에 남보다 더 많은 아이디어를 내고, 창의력을 발휘하고, 혁신적인 제품을 생산한다. 그러므로 즐기는 자는 결국 성공할 수밖에 없다.

2012년 런던 올림픽에서 레슬링 그레코로만형 66킬로그램급에서 금메달을 목에 걸어 전 국민을 감동시켰던 김현우는 전 세계 선수들을 향해 "나보다 땀을 더 많이 흘린 선수가 있다면 금메달을 가져가라"라는 말로, 그동안 훈련을 하면서 얼마나 피땀을 흘렸을지 짐작하게 했다. 그는 올림픽 금메달을 한 번도 아닌 두 번 따겠다는 목표를 세우고 몸이 부서지게 훈련했고, 그를 지켜본 감독은 "꿈이 큰 선수"라고 말했다. 그러나 그는 꿈만 꾸지 않았다. 아침 여섯시부터 밤 열한시까지 이어지는 고강도 훈련을 군소리 없이 소화했다. 그는 "죽기 살기로 해서 하늘을 감동하게 하고 싶었다"라고 말했다. 그리고 경기할 때마다 '승리 아니면 죽음'이라는 각오로 나섰다. 그가 올림픽 챔피언이 된 비결은 타고난 재능과 노력이었다. 그러나 그가 거둔 성공의 진짜 비결은 다른 데 있었다. 세상에서 무엇보다도 레슬링을 즐겼던 그는 "운동이 아니라 다른 일을 한다는 것은 상상조차 해본 적이 없고 또 하기도 싫습니다"라고 말했다. 세상에 즐기는 사람을 이길 수 있는 이는 없다.

5장

스케일이 큰 사람은
평생 배운다

"사람과 사람을 연결하면

비즈니스로 이어진다"

—

마크 주커버그

스케일이 큰 사람은
평생 배운다

세상은 겸손한 사람에게 사랑을 베풀지만, 교만한 자는 배척하고 재앙을 내린다. 그렇다면 겸손한 사람의 인격은 어떻게 형성될까? 익은 벼가 고개를 숙인다는 말처럼, 인격이 있는 사람은 늘 겸손하고, 아무리 지식이 많아도 누구에게나 배우려는 자세를 갖추고 있다. 이러한 사실을 온몸으로 보여주는 사례가 그리스 철학자인 소크라테스다. 그는 그리스 철학자 중 가장 존경받는 '성인'이다. 후세의 많은 사람들도 다른 모든 철학자를 제쳐두고 유독 그를 존경하는 이유는 무엇일까? 그것은 그가 박학다식했기 때문이 아니라 겸손했기 때문이다. 그는 권위나 학식으로 상대방을 가르치려 들지 않았다. 상대가 스스로 결론을 도출해낼 때까지 인내심을 가지고 대화를 이끌었다. 비록 그것이 교활한 상대가 스스로 무지를 드러내게 하고, 모욕을 느낀 반대자들이 그를 죽음으로 몰아가게 하는 계기가 되기도 했지만, 대중은 그를 사랑하고 그의 명철함을 존중했다. 혹시라도 누군가가 그의 박학다식을 추어올리면, 그는 "내가 아는 것이라고는 내가 아무것도 모른다는 사실뿐입니다"라고 말했다.

물론 이는 모든 편견에서 벗어나 오로지 올바른 사고와 정확한 추론을 통해 진리에 도달하는 대전제이기도 했지만, 그는 자신이 아는 모든 지식을 내려놓고 누구와도 토론할 수 있는 겸손한 사람이었다. 설령 그 이면에 자신이 옳다는 자신감과 확신이 있었다 하더라도 그는 절대 자신의 생각을 강요하거나 고집하는 지적 오만을 저지르지 않았고, 언제든 누구에게나 배울 준비가 되어 있었다.

하버드 대학에서 행복학을 강의하는 탈 벤 샤하르Tal Ben-Shahar 교수는 『해피어』에서 이렇게 말했다.

> 가장 성공한 사람은 평생 배우는 사람이다. 그들은 끊임없이 묻고 경이로운 세상을 탐험한다. 나이가 15세든 115세든, 지금 시련을 겪고 있든 최고의 전성기에 있든, 당신이 인생의 어느 시기에 있든 상관없이 자신을 위한 교육과정을 만들어야 한다.

이처럼 벤 샤하르 교수는 가장 성공한 사람은 부유하고 권력이 있는 사람이 아니라 평생 배우는 사람이며, 평생 배우는 사람만이 성공할 수 있다고 말한다. 기발한 상상력과 독특한 소재로 전 세계 독자를 사로잡은 프랑스의 소설가 베르나르 베르베르 역시 자신을 '날마다 배우는 사람'이라고 정의하면서, 무엇이든 새로운 것을 배우지 못한 날은 허송세월한 것으로 간주한다고 말한다. 『개미』『신』『나무』『뇌』 등 독특한 주제를 다룬 그의 작품들은 연달아 세계적인 베스트셀러가 되었다. 그는 그 비결이 '매일 꾸준히 글을 쓰는 것'이며, 그를 통해 매일 새로운 사실들을 배우는 데 있다고 밝혔다. 결국 베르베르는 평생 배우는 자세를 버리지 않았기에 성공한 작가라고 할 수 있다.

과거에는 천재가 재능과 소질을 타고난다고 믿었지만, 이 분야에서 계속된 연구는 선천적 재능이 아니라 엄청난 노력이 천재를 만든다는 사실을 밝혀냈다. 그런 점에서 평생 배우는 자세는 천재의 가장 근본적인 요소일 것이다.

안코라 임파로 Ancora imparo!

이 문장은 천재 예술가 미켈란젤로가 87세에 시스티나 성당의 천장화를 완성하고 나서 스케치북 한쪽에 적은 글로 '나는 아직도 배우고 있다'라는 뜻이다. 「천지창조」「최후의 심판」 등 천장화뿐 아니라 「피에타」「다비드」「모세」 등 조각 작품으로 천재성을 보여준 그는, 89세를 일기로 세상을 떠나는 그날까지도 작업에 매달렸다. 미켈란젤로는 그 누구보다 배움과 노력의 가치를 신봉한 예술가였으며, 남들이 시도한 적 없는 새로운 예술을 창조하는 일에 열정적으로 몸을 바쳤다.

얼마 전까지만 해도 과학자들은 일정한 나이를 지나면 뇌세포가 증식하지 않는다고 믿었으나, 최근의 연구 결과에 따르면 나이와 상관없이, 특히 학습과 기억을 관장하는 부위의 뇌세포가 하루에도 수천 개씩 생성되고 있다는 사실이 밝혀졌다. 이 뇌세포들은 사용하지 않은 상태로 2주가 지나면 소멸하므로 늘 창조적이고 혁신적인 방식으로 뇌를 사용해야 한다는 것이다.

미국의 캘리포니아 주 산타크루즈 대학 연구소에서는 매번 새로운 임무를 부여하면 뇌세포들이 서로 연계하여 작동하며, 뇌의 기능을 꾸준히 유지할 수 있다는 사실을 동물 실험을 통해 확인했다. 결국 배움을 멈추게 하는 것은 뇌의 기능이나 지능의 수준이 아니라, 포기하는 사람의 나약한 의지일 뿐이다.

누구보다도 배우기를 즐겼던 인물로 흔히 공자를 지목한다. 공자는 높은 직위에 오른 적이 없고, 큰 업적을 남긴 적도 없으며, 개인적으로나 국가적으로 대단한 성공을 거둔 적도 없었다. 그럼에도 그가 수천 년 동안 인류에게 성인으로 추앙받고 있는 가장 큰 이유는, 평생 배우기를 멈추지 않았고 즐겼기 때문이다. 그리고 무엇보다도 배우기 위해서라면 아랫사람에게 묻는 것을 절대 부끄러워하지 않았다. 바로 이것이 그가 위대한 성인으로 숭상받는 이유이다.

『논어』의 「공야장公冶長」 편에는 "민이호학 불치하문敏而好學 不恥下問"이라는 대목이 나온다. '영민하면서도 배우기를 좋아하고, 아랫사람에게 묻는 것을 부끄러워하지 않는다'라는 뜻이다.

또한 『논어』의 「술이述而」 편에서는 "삼인행, 필유아사언 택기선자 이종지, 기불선자이개지三人行, 必有我師焉 擇其善者而從之, 其不善者而改之"라고 하여 "세 사람이 길을 가면 그 가운데 반드시 나의 스승이 있다. 그 가운데 좋은 것을 가려서 그 점을 따르고 그 가운데 좋지 않은 점을 가려서 그 점을 고친다."라고 했다. 대체로 스승이라면 자기보다 훌륭한 사람이라고 생각하지만, 훌륭하지 못한 사람도 스승이 될 수 있다는 것이다. 좋은 점이 있는 사람을 스승으로 삼는 것은 물론이고, 좋지 않은 점이 있는 사람도 반면교사反面教師로 삼아야 한다는 명쾌한 주장이다.

대성하는 사람은 바로 이런 '불치하문'의 정신과 '필유아사언'의 자세를 잃지 않는다. 평생 배울 준비가 되어 있는 사람이라면 자기보다 못한 사람에게도 머리를 숙이고, 쓸데없는 자존심을 내려놓고 겸손해야 한다.

전 세계의 부를 거머쥐고 있으며, 학계를 장악하며 노벨상을 휩쓸고 있는 유대인들에게는 "허리를 숙이지 않으면 진리를 주울 수 없다"라는 속담이 있다. 이처럼 교만은 배움을 가로막는다. 무지하면 교만해지고, 교만하면 더욱 무지해지는 악순환이 거듭된다.

대한민국의 정신을 유감없이 보여준 안중근 장군은 1909년 10월 26일, 하얼빈에서 일본 제국주의 대륙 침략의 원흉인 이토 히로부미를 사살했다. 이는 불굴의 용기와 애국심, 그리고 뜨거운 민족의식과 철학이 있는 사람만이 할 수 있는 일이었다. 안중근 장군은 중국의 뤼순 감옥에서 옥살이를 하다 처형되었지만, 형장에 끌려가는 순간까지도 의연한 모습을 보여 후세에 귀감이 되었다. 그가 그렇게 위대한 일을 하고, 죽음 앞에서도 당당하고, 후세에 귀한 교훈이 되는 명언을 많이 남길 수 있었던 비결은 무엇이었을까? 그것은 평소에 배움을 좋아하고 독서를 좋아한 덕분이다. 그가 감옥에서 남긴 글 중에 『논어』의 한 구절인 "민이호학 불치하문敏而好學 不恥下問"이 있었다. 공자의 말처럼 그도 배움에는 부끄러움이 없다는 것을 삶의 지침으로 삼았던 것이다.

이처럼 부끄러움 없이 평생 배우는 자세로 자신의 발전을 이루고 큰 업적을 성취한 사람으로, 일본에서 경영의 신으로 불리는 마쓰시타 고노스케松下幸之助를 들 수 있다. 그는 자서전에서 다음과 같이 말했다.

나는 하늘로부터 세 가지 은혜를 입고 태어났네. 가난한 것, 허약한 것, 그리고 못 배운 것이 그것일세. 나는 가난한 집에서 태어나 항상 배부르게 먹어보는 것이 소원이었고, 허약하게 태어났기 때문에 건강한 아이들이 항상 부러웠고, 초등학교도 졸업하지 못했기에 무식했네. 하지만 나는 가난 속에서 태어났기에 열심히 노력하지 않고서는 잘 살 수 없다는 진리를 깨달았다네. 허약하게 태어났기에 일찍부터 건강에 신경써서 90세인 지금까지도 정정하다네. 그리고 마지막으로 나는 초등학교 4학년 때 중퇴했기에

이 세상 모든 이들을 스승으로 여겨 배우고 익히는 것을
게을리하지 않았다네.

그의 이 유명한 말은 초등학교도 제대로 졸업하지 못한 사람이 어떻게 신화적인 기업가로 성장할 수 있었는지, 그 비결을 잘 설명해주고 있다. 그것은 바로 '불치하문'이었다. 이 세상 모든 이들을 스승으로 여겨 배우고 익히는 것을 게을리하지 않았기에 그는 경영의 신이 될 수 있었던 것이다. 불치하문할 수 있는 사람은 자신의 부족함과 불완전함을 인정하는 사람이다. 자신의 부족함에 대한 인식과 자신을 낮출 줄 아는 겸손으로부터 이러한 자세가 비롯되기 때문이다. 자신의 지식을 과신하여 타인의 말을 경청할 줄 모르는 사람은 교만 때문에 더는 성장할 수 없다. 특히 젊은 날에 일찍이 작은 성공을 거둔 사람은 그 성공에 도취하여 자만하고, 발전과 성공으로부터 멀어지기 쉽다. 그것이 세상의 이치다.

인류 역사상 가장 넓은 땅을 정복한 사람은 누구일까? 알렉산더 대왕도 나폴레옹 황제도 아니다. 아무것도 배우지 못했던 칭기즈칸이다. 그는 자신이 아무것도 배우지 못했음을 언제나 잊지 않고 타인의 말에 귀 기울일 줄 알았다. 그런 자세 덕분에 그는 무지하고 나약한 자신을 극복하여 위대한 정복자가 될 수 있었다.

나는 배운 게 없어 내 이름도 쓸 줄 몰랐지만 남의 말에

항상 귀를 기울였다. 내 귀는 나를 현명하게 가르쳤다. 적은 밖에 있는 것이 아니라 자신 안에 있다. 나 자신을 극복하자 나는 칭기즈칸이 되었다.

타인의 말에 항상 귀를 기울이는 자세는 교만하거나 자만한 사람은 할 수 없는 겸허한 행동이다. 이처럼 스케일이 큰 사람에게는 물이 높은 데서 낮은 데로 흘러가듯, 지혜와 지식이 자연스럽게 흘러들게 마련이다.

스케일이 큰 사람은
늘 겸손하다

큰 삶을 살기 위해서는 무엇보다도 인격을 갖추는 수련이 매우 중요하다. 늘 겸손하게 남을 섬기고, 늘 관대하게 남을 대하는 인격이 큰마음의 바탕이 된다. 그러나 불행하게도 오늘날에는 인격의 중요성을 경시하고 오로지 학력과 재능, 기술과 정보력만을 강조하는 경향이 두드러진다. 경쟁 위주의 사회가 낳은 어쩔 수 없는 현실인 듯싶다. 하지만 인격이야말로 진정한 경쟁력이며, 우리 삶을 올바른 길로 인도하는 나침반이며, 우리 삶에 의미와 가치를 부여하는 가장 근본적인 평가 기준이다.

인격으로 운명을 바꾼 사람들의 이야기를 담은 존 맥케인John MaCain의 책 『인격이 운명이다』에서 주장하는 단 한 가지 메시지는, 운명을 믿지 말고 운명이 자신의 손에 달렸음을 믿으라는 것이다.

우리는 운명 같은 것이 있다고 믿어서는 안 된다. 누구도 태어날

때부터 무엇이 되기로 정해진 사람은 없다. 만약 그렇다면 그런 인생에는 아무런 의미도 가치도 없을 것이다. 우리 인생은 보이지 않는 손이 예정한 길을 무기력하게 따라가는, 그런 시시한 것이 절대 아니다.

점괘를 뽑는 산통이나 하늘의 별자리 따위가 인간을 이리저리 끌고 다니며 이 사람에게는 행복을, 저 사람에게는 불행을 주는 것이 결코 우리 인생일 수 없다. 그런 이야기는 동화책의 줄거리 정도로 충분하다. 우리가 바꿀 수 없는 운명은 없다. 그런 것이 있다면 누구나 언젠가 죽는다는, 진정으로 피할 수 없는 '죽음'이라는 이름의 운명뿐이다.

자신의 운명을 결정하는 힘은 자신에게 있다. 위대한 삶을 살 것인지, 시시한 삶을 살 것인지는 환경과 조건이 아니라 자신의 선택에 달렸으며, 그 선택을 결정하는 것이 바로 인격이다.

궁극적으로 우리로 하여금 부패하고 타락한 삶이 아니라 훌륭하고 의미 있는 삶을 선택하게 하고, 그렇게 선택한 길을 걸어갈 때 힘이 되어주는 것은 재능이나 학식이 아니라 바로 인격이다. 세상에는 신화적인 성공을 거둔 사람들, 거대한 부를 축적한 사람들이 많이 있지만, 우리는 인격 없이 성공한 사람을 기억하지는 않는다. 부와 권력은 언제나 누구든지 주거나 받거나 빼앗을 수 있지만, 인격만은 누구도 손댈 수 없는, 그 사람만의 것이다.

사람이 스스로 부여한 인격에 걸맞은 삶을 사는 것은 마치 물이 정해진 수로를 따라 흐르는 것과 다름없다. 그런 점에서 인격은 곧 자신이 선택한 인생의 길이다. 남들이 아무리 유혹하고 함정을 파놓고 음해해도 사람은 자신의 인격대로 살아가게 마련이다. 역사를 돌아봐도 자신을 낮추어 겸손하고, 자기 공을 내세우지 않고 남에게 돌리는 인격을 갖춘 사람은 만년에도 제자와 추종자들에 둘러싸여 행복하게 살았다. 하지만 어쩌다 운이 좋아 큰 공을 세우고, 그것 하나를 평생 동안 우려먹으며 기고만장하다 사라진 사람은 아무도 기억하지 않는다. 인격이 모자란 사람이 국가의 중책을 맡겠다고 나섰다가 국회 청문회에서 망신을 당하고 쫓겨나는 꼴을 우리는 흔히 보아왔다. 이처럼 인격은 남이 부여하는 것이 아니라 감출 수 없이 스스로 드러나는 것이다.

크게 생각하고 멀리 내다보는 사람은 그 인격이 스스로 빛을 발한다. 그리고 그런 인격을 갖춘 사람은 어떠한 위기 상황도 슬기롭게 헤쳐나간다. 이런 맥락에서 링컨 대통령이 겸손의 전범을 보여준 유명한 일화는 세상에 널리 알려져 있다.

링컨의 아버지는 농사꾼이었지만 오랜 세월 구두 수선공으로 일했다. 솜씨가 뛰어나서 평판이 좋았고, 그의 단골 중에는 상원의원도 여럿 있었다. 그러나 링컨이 대통령이 되자, 천한 구두 수선공의 아들이 자신보다 더 높은 지위에 오른 것을 못마땅하게 여기는 사람이 많았다. 상원의원들은 대부분 명문가 출신으로, 학벌이 좋고 부유했다. 그러나 링컨은 가난한 집안에서 태어나 초등교육도 제대로 받지 못했으니 상원의원들이 대통령이 된 그를 시기하고 증오한 것은 어쩌면 당연한 일이었을 것이다.

대통령에 당선된 링컨이 상원의원들 앞에서 취임 연설을 하게 되었을 때, 의원 중 한 사람이 일어나 조롱하듯 그에게 말했다.

"당신이 대통령이 되다니 정말 놀랍습니다. 그러나 당신의 아버지가 구두 수선공이었다는 사실을 잊지 마시기 바랍니다. 당신의 아버지는 가끔 우리 집에 신발을 만들어주러 찾아왔고, 지금 내가 신고 있는 구두도 바로 당신 아버지가 만든 것입니다. 미국 역사에서 이제까지 당신처럼 천한 신분으로 대통령에 당선된 사람은 없었을 것입니다."

그의 악의적인 발언이 끝나자 여기저기서 위원들이 킥킥거리며 비웃는 소리가 들려왔다. 보통 사람이라면 참기 어려운 모욕이었지만, 링컨은 인격을 갖춘 사람이었다. 그는 잠시 눈을 감고 무엇인가 생각하는 듯 아무 말이 없었다. 한동안 이어지는 링컨의 침묵에 그를 지켜보던 의원들도 입을 다물었다. 링컨은 눈에 눈물이 가득 고인 채 상원의원들에게 이렇게 말했다.

"고맙습니다. 의원님! 한동안 잊고 지냈던 아버지의 얼굴을 떠올리게 해주시니 감사합니다. 저희 아버지는 완벽한 솜씨를 갖춘 구두 수선공이셨습니다. 저는 아버지의 솜씨를 따라잡으려고 노력했지만 아버지의 실력을 능가할 수 없었습니다. 이 자리에는 저희 아버지가 만드신 구두를 신고 있는 분들이 계실 겁니다. 그럴 리는 없겠지만, 만약 신발에 문제가 생기면 언제든지 제게 말씀해주십시오. 그러면 제가 아버지 옆에서 곁눈질로 배운 솜씨로 손봐드릴 수 있습니다. 물론 큰 기대는 하지 마십시오. 왜냐하면 제 솜씨는 아버지의 솜씨와는 비교조차 할 수 없기 때문입니다. 제 아버지는 구두 예술가이셨거든요. 저는 자랑스러운 아버지의 아들이고, 지금도 아버지를 존경합니다."

링컨은 겸손함을 갖춘 인격으로 자신을 비웃는 사람들에게 스스로 삶의 의미와 가치를 되새겨보게 했던 것이다. 이것이 크고 멀리 보는 사람의 인격이 발휘하는 위대한 힘이며 영향력이다.

동쪽 하늘에서 태양이 떠올라 중천을 지나면 비로소 떨어지기 시작한다. 달도 마찬가지다. 온전히 차고 나면 비로소 기울기 시작한다. 세상 만물은 가장 성하는 순간부터 쇠하기 시작한다. 시곗바늘도 맨 아래 6을 가리키면 그 이후로는 다시 올라가고, 맨 위에 이르러 12를 가리키면 그때부터는 다시 내려온다. 바로 이것이 우리가 겸손해야 하고, 자신을 낮춰야 하는 이유이다.

거대한 제국을 건설한 로마는 그간 이룩한 성공을 자만하는 순간부터 멸망하기 시작했다. 아직 부족하고 모자란다고 생각하며 노력할 때 더 위대한 나라를 건설할 수 있다. 그러나 드디어 정점에 도달했다고 생각하면서 성장의 의지를 잃어버렸을 때 로마 제국은 안에서부터 스스로 무너져 내리기 시작했다.

짐 콜린스는 위대한 기업들이 사라져간 원인을『위대한 기업은 다 어디로 갔을까?』라는 책에서 설명하고 있다. 그는 설령 좋은 기업을 넘어 위대한 기업이 되었어도 한순간에 쓰러질 수 있다고 경고한다. 그는 실제로 5년여에 걸친 철저한 조사와 분석, 연구를 통해 한때 강하고 위대했던 기업들이 몰락하는 데에는 다섯 단계가 있음을 밝혀냈다.

그 첫번째는 교만의 단계로, 기업가는 사업이 어느 정도 궤도에 오르면 성공에 도취하여 교만해지고 '왜'보다는 '무엇'에 대해 질문을 던지며, 자기가 똑똑해서 성공한 것으로 착각하고 배우려 하기보다는 자신의 판단을 과신한다.

두번째는 탐욕의 단계로, 기업가는 자기 기업에 성공을 가져다준 핵심 가치와 상관없는 다른 사업에 기웃거리고, '거대 기업'과 '위대한 기업'을 혼동하여 규모에 집착하면서 원칙 없는 확장에 매달린다. 이 과정에서 기업을 성공으로 이끌었던 핵심 인재들은 가치의 혼란을 느끼고, 특히 보상에서 상대적으로 소외된 인재들은 기업에서 마음도 몸도 떠나게 된다. 그리고 무능력한 사람들, 자기 개인적인 이익을 위해 회사를 이용하려는 사람들이 조직에서 중요한 자리를 차지한다.

세번째는 우매의 단계로, 이쯤 되면 기업에 위기를 알리는 신호가 여기저기서 나타나지만 기업가는 이를 무시하고 오만한 태도를 보이며, 현실을 무시한 독단적인 판단으로 우매한 선택을 거듭한다.

네번째는 조급함의 단계로, 경영자는 자숙하기보다 이런저런 무리수를 두고, 자기 기업의 본질적 가치를 중시하기보다는 홍보나 선전에 주력하고 실적에 급급한 현상을 보인다.

마지막 다섯번째는 멸망의 단계로, 기업은 관련 분야에서 차지하던 위치와 존재감을 상실하고 결국 시장에서 퇴출당하고 만다.

몇 가지 변형이 가능하다. 4단계에서 무리수를 두지 않고 뼈를 깎는 고통을 거쳐 살아나는 기업도 있다. 영원한 기업이 없는 만큼 그런 기업도 결국에는 다시 '퇴락falling'의 사이클에 들어가겠지만, 최대한 1, 2단계에서 '제어'하려는 노력을 통해 더 오래, 건강하게 기업 활동을 지속할 수 있다.

이는 회사가 아니라 국가나 개인에게도 충분히 적용할 수 있다. 나의 인생 사이클도 결국 이와 같지 않을까 생각한다.

위대한 나라 로마가 멸망하게 된 것도, 좋은 기업을 넘어 위대한 기업으로 성장했던 강하고 위대한 기업들이 몰락하게 된 것도 모두 겸손하지 못했기 때문이라고 할 수 있다.

자기를 낮추고 겸손할 줄 모른다면 먼저 직장 생활에서 성공할 수 없다. 그 이유를 17세기 에스파냐의 작가인 발타자르 그라시안은 인간의 본성 때문이라고 말한다. 그 어떤 인간도 자기보다 뛰어난 다른 사람을 좋아하지 않기 때문이다. 그래서 자기 앞에서 스스로 몸을 낮추고 겸손한 이를 더욱 좋아하게 되어 있다는 것이다. 그 결과 겸손한 사람들은 어디에 가도 환영받고 인기를 얻게 되지만, 반대로 자신을 내세우고 돋보이게 하려는 사람은 반감을 사게 되는 것이다.

자기보다 뛰어난 이를 좋아하는 사람은 없다. 감히 상사를 능가하는 자는 멍청이거나 비운의 화살에 맞은 자나 마찬가지다. 자기보다 뛰어난 자는 늘 미움의 대상이며, 뛰어난 자일수록 지기를 싫어한다. 신중한 사람이라면 허름한 옷으로 빛나는 외모를 감추듯 자기보다 신분이 높은 자에게 자기를 감춘다.

그라시안은 또한 "겸손하게 허리를 숙이는 것은 자화자찬과는 반대로 자신을 존귀하게 만드는 행동"이라고 말했다.

『주역』에서는 이에 대해 다음과 같이 말하고 있다.

하늘의 도는, 돌출된 것은 평평하게 하고 파인 곳은 보충하는 모래언덕의 변화와 같다. 귀신은 교만한 자에게 끊임없이 재앙을 내리고 겸손한 자는 보호하고 복을 내린다. 사람들은 겸허한 사람을 좋아하고 교만한 사람을 배척한다. 겸손은 숭고한 빛을 발하는 미덕으로 군자가 얻을 수 있는 가장 훌륭한 보증수표이며 또한 자기 수양의 궁극적인 구현이다.

스케일이 큰 사람은
관대하고 부지런하다

실제로 큰 성공을 이룬 사람들은 대부분 겸손할 뿐 아니라 마음이 넓은 인격자들이다. 늘 베풀고 나누고 섬기며 관대하다. 재능, 지식, 재산, 학벌, 배경이 있다고 해서 큰 사람이 될 수는 없다. 남을 위해 얼마나 봉사하느냐, 자기가 가진 것을 남에게 얼마나 관대하게 내줄 수 있느냐에 따라 그 사람의 크기가 결정된다. 재능이나 탁월함이 아니라 얼마나 남에게 헌신하고 봉사하며 남을 섬길 줄 아느냐에 따라 그 사람의 인격과 인간적인 크기가 결정된다. 아무리 높은 지위에 올랐고 재산이 많다 해도, 자기만 생각하고 늘 자기가 주인이 되려 하는 사람이라면 큰 그릇이 될 수 없다.

　남을 먼저 생각하는 사람이 진정으로 큰 그릇이다. 하지만 그렇다고 해서 무조건 이타주의를 지향하라는 것은 아니다. 중요한 것은 남에게서 받기를 기다리기보다 먼저 주는 사람이 되어야 한다는 사실이다. 또한 남에게 받지도 주지도 않는 독불장군에게는 남과 나누고 남에게 베풀 기회도 마음도 생기지 않는다.

큰 사람은 대부분 많은 추종자들을 거느린다. 추종자들이 그를 따르는 이유는 무엇일까? 그의 지위나 권력, 재력과 돈 때문이 아니다. 그가 헌신과 사랑, 나눔과 섬김을 통해 자연스럽게 사람들의 마음을 움직였기 때문이다. 그런 점에서 '서번트 리더십servant leadership'은 다른 어떤 리더십보다도 강력한 힘을 발휘한다.

서번트 리더십이라는 개념은 1977년 미국의 학자 로버트 그린리프Robert K. Greenleaf가 『서번트 리더십』에서 처음 제시했다. 그는 헤르만 헤세의 소설 『동방 순례』를 읽고 영감을 받아 이런 아이디어를 착안했다고 전해진다. 이 소설에는 여러 여행자의 허드렛일을 하는 '레오'라는 인물이 등장한다. 그는 충직하고 영민한 하인으로 사람들을 보살펴주지만, 그가 사라지자 일행은 혼란에 빠지고 흩어져 결국 순례가 중단된다. 사람들은 그가 사라지고 나서야 그의 중요성을 깨닫는다. 이 소설의 화자인 주인공이 오랜 시간이 흐르고 나서 그 순례를 후원한 결맹의 본부에 찾아갔을 때, 하인인 줄로만 알았던 레오가 바로 그 결맹의 최고 책임자이며 정신적 지도자라는 사실을 알게 된다.

이 소설의 교훈은 '다른 사람의 요구에 귀를 기울이는 하인이 결국 모든 사람을 이끄는 리더가 된다'는 것이다. 이는 곧 서번트 리더십의 핵심적인 사고다. 그린리프 연구소의 소장인 스피어스는 서번트 리더의 주요 특성으로 여섯 가지를 제시한다.

첫째 경청listening은 추종자들을 존중하고 수용하는 자세이며, 둘째 공감empathy은 추종자들의 감정을 이해하여 그에게 필요한 것을 알아내려는 노력이며, 셋째 치유healing는 추종자들에게 생긴 문제를 파악하고 보살펴주는 실천이며, 넷째 스튜어드십stewardship은 추종자들을 위해 자원을 관리하고 봉사하는 행동이다. 다섯째 추종자들의 성장을 위한 노력commitment to the growth of people은 그들의 개인적 성장이나 정신적인 성숙 혹은 전문성의 계발을 위해 기회와 자원을 제공하는 것을 의미하며, 여섯째 공동체 형성building community은 추종자들이 서로 존중하고 봉사하는 진정한 의미의 공동체 구성을 의미한다.

자신을 내려놓고 마음을 다해 아래 사람들을 섬기고 헌신함으로써 자발적인 충성과 존경을 받는 서번트 리더십의 이치는 『맹자』의 「양혜왕 하梁惠王下」편에 나오는 '출이반이出爾反爾'와 같다고 할 수 있다.

중국 전국시대에 추나라는 노나라와 전쟁하여 패배했다. 이에 추나라 임금 목공穆公은 맹자에게 목숨을 걸고 전쟁에 임하지 않은 백성을 원망했다.

"이번 전쟁에서 우리 편 지휘관이 서른세 명이나 죽었는데도 백성은 그것을 보고만 있었지, 누구 하나 지휘관을 위해 죽은 자가 없었소. 이 괘씸한 자들을 모두 죽일 수도 없고, 그렇다고 그대로 내버려두자니 앞으로 지휘관의 죽음을 보고서도 모른 체할 것이 뻔합니다. 이 일을 어찌하면 좋겠소?"

맹자가 목공의 물음에 대답했다.

"흉년에 먹을 것이 부족하여 백성 중에서 노약자는 시궁창에 굴러 떨어져 죽고 젊은이들은 사방으로 흩어졌는데, 그 수가 수천 명이나 되었지요. 그런데도 임금의 창고에는 곡식과 보물이 가득했습니다. 지휘관들은 이것을 꺼내어 백성을 구하자고 간청하지 아니하였으니 이야말로 윗사람이 게을러서 아랫사람을 죽이는 일입니다. 일찍이 증자曾子가 말씀하시기를 '조심하고 조심하라. 너에게서 나온 것은 너에게로 돌아온다出乎爾者 反乎爾者也'라고 했습니다. 백성은 지난날 지휘관들에게서 당한 것을 이렇게 되갚은 것이니 어찌 그들을 나무랄 수 있겠습니까? 임금께서는 그들을 탓하지 마십시오. 임금께서 어진 정치를 베푸신다면 백성은 윗사람을 친하게 대할 것이고, 그를 위해 목숨을 바칠 것입니다."

이 일화에서 지휘관들이 백성을 자기 몸처럼 아끼고, 가진 것을 그들에게 베풀고, 그들이 굶주려 죽어갈 때 구원의 손길을 내밀었다면, 전쟁이 났을 때 백성도 지휘관들을 자기 몸처럼 여기고 그들을 위해 목숨을 걸고 싸웠을 것이다.

이처럼 우리가 사랑과 나눔을 베풀면 그것은 어떤 형태로든 다시 돌아오게 마련이다. 이것이 눈에 보이지는 않지만 분명히 존재하는 세상의 이치다. 그래서 우리가 상대방을 칭찬해주면 상대방에게서 칭찬받고, 신뢰하면 신뢰받고, 선물을 주면 선물을 받는 것이다. 결국 남을 위하는 것이 자신을 위하는 것이다.

인격 형성에 겸손하고 관대한 것만큼이나 중요한 역할을 하는 것이 바로 부지런함이다. 러시아의 대문호인 톨스토이는 무척 성실하고 부지런한 인물로, 게으름을 큰 죄악으로 여겼다. 그는 심지어 "게으른 자의 머릿속은 악마가 집을 짓기에 가장 적합한 장소다"라는 말을 남겼다.

부지런히 일한다는 것은 스스로 자신의 인생을 만들어간다는 것을 의미한다. 창조주도 엿새 동안 천지와 만물과 인간을 창조하고 나서야 일곱째 날에 안식을 취하지 않았던가. 유대인 지혜의 보고인 『탈무드』에도 부지런히 일하지 않는 사람을 빗대어 "자식에게 노동을 가르치지 않는 아버지는 자식에게 도둑이 되라고 가르치는 것과 같다"라고 말했다.

백일몽만 꾸고 일하지 않는다면 삶은 잘못된 방향으로 흘러가고, 아무리 큰 꿈을 꾸어도 그 꿈을 이루기 위해 노력하지 않으면 재능과 능력은 녹슨 쇠붙이처럼 아무짝에도 쓸모없는 것이 되어버린다. 솔로몬의 잠언에도 게으른 자에 대한 충고가 잘 나타나 있다.

게으른 자여, 개미에게 가서 그가 하는 것을 보고 지혜를 얻어라. 개미는 두령도 없고 감독자도 없고 통치자도 없되, 먹을 것을 여름 동안에 예비하며 추수 때에 양식을 모으느니라. 게으른 자여, 네가 어느 때까지 누워 있겠느냐, 네가 어느 때에 잠이 깨어 일어나겠느냐. 좀더 자자, 좀더 졸자, 손을 모으고 좀더 누워 있자 하면 네 빈궁의 강도 같온 마음을 다해 진정으로 원하면 반드시 이루어진다면서 나무 아래 누워 열매가 떨어지기를 기다리는 사람들이 있다. 가슴에 큰 꿈을 품고 있으면 언제가 그 꿈이 이루어진다고 믿는 사람들이 있다. 그러나 실제로 노력하고 목적한 것을 이루는 과정에 몰입하지 않으면, 이것은 헛된 바람이며 이루어질 수 없는 꿈일 뿐이다. 그런 점에서 오래전 언론에 '협상의 달인'으로 소개된 적이 있는 열일곱 살 스티븐 오티즈Steven Ortiz라는 소년의 일화는 꿈을 이루는 과정의 중요성을 매우 상징적으로, 흥미롭게 보여준다.

스티븐은 고급 자가용을 꼭 가지고 싶었다. 그런데 그런 꿈을 꾸기 시작한 지 2년 만에 돈 한 푼 들이지 않고 포르쉐 승용차를 손에 넣음으로써 그 꿈을 실현했다.

스티븐은 2년 전 친구에게서 중고 휴대전화를 얻었다. 그는 중고품 교환을 주선하는 인터넷 시장에 그 휴대전화를 내놓아 그것보다 조금 더 좋은 휴대전화와 바꾸었고, 그것을 다시 애플의 아이팟과 교환했다. 그리고 그것을 산악용 오토바이와 교환했고, 그 오토바이를 애플의 노트북인 맥북과 교환하는 데 성공했다. 그런데 놀랍게도 그의 맥북과 토요타 자동차를 맞바꾸자는 사람이 나타났다. 제안자는 자동차가 세 대나 있었는데, 맥북의 녹음 성능이 좋아서 그것을 원했던 것이다. 그러나 스티브는 자동차를 운전하기에 아직 나이가 어렸기에 토요타 자동차를 전동 골프 차와 맞바꿨다. 그리고 그 전동 골프 차를 다시 산악용 오토바이로 바꿨다가 일반 오토바이와 교환했다. 그러다 그 오토바이를 수집가들이 탐내는 1975년형 포드 자동차 브롱코로 바꿨고, 그것을 다시 은색 포르쉐로 바꾸는 데 성공한 것이다.

스티븐은 나이 어린 소년이었지만 자신이 원하는 것을 얻기 위해 부지런히 교환에 교환을 거듭했기에 목표에 도달할 수 있었다. 실행의 힘을 아는 현명한 친구임에 틀림없다.

스케일이 큰 사람은 생각에 머물지 않고, 도전하고 실천하고 행동한다. 한마디로 부지런하다. 게으름은 죄악 중 하나다. 아무리 부유하다 해도 일을 멈추지 마라. 노동의 가치와 효과를 잊어서는 안 된다.

어떤 삶을 살아갈 것인가

하루 한 끼를 물에 불린 빵으로 겨우 연명할 만큼 가난했고, 학력이라고는 초등학교 졸업장이 전부였으며, 평생 비루하고 비참한 삶을 살았던 전쟁고아 이철호. 그는 52세에 처음으로 라면 사업에 뛰어들어 노르웨이의 국민 영웅이 되었다.

집안이 형편없다고, 학력이 낮다고, 너무 늙었다고, 아무것도 이룬 것이 없다고 비관하고 포기해서는 안 될 이유를 라면왕 이철호의 삶에서 찾을 수 있다.

마흔세 번이나 다리 수술을 받아본 적이 있는가? 혼자서는 걷지도 못하는 장애를 안고 새 먹이로 연명하는 가난을 겪어본 적이 있는가?

그렇지 않다면 제발 인생이 고달프다고 한탄하지 말자. 사지가 멀쩡하다면, 주머니에 오늘 저녁 끼니를 때울 돈이 몇 푼이라도 있다면, 그것만으로 감사해야 한다.

그는 이런 삶을 살았지만, 결국 그의 별명인 '미스터 리'가 '라면'을 뜻하는 일반명사가 될 정도로 그가 만든 라면은 노르웨이에서 20년 넘게 압도적인 시장점유율로 매출 1위를 기록했고, 그는 서열 1위의 갑부가 되었다.

이철호의 성공 비결은 남다른 재능이나 능력이 아니었다. 그것은 바로 모든 것을 쏟아부어 노력하면 절대로 배반하지 않는다는 신념, 포기하지 않으면 반드시 성공한다는 믿음이었다. 그의 사례는 인생을 살아가며 부딪치는 시련과 역경에 휘둘리지 말고 크게 생각하고 멀리 내다봐야 한다는 진실을 뜨겁게 일깨워준다.

인생이 지금 어떤 모습인지는 중요하지 않다. 앞으로 자신의 인생이 구만리 창공을 나는 붕새가 될 것인지, 아니면 평생 물속에서 살아가는 곤처럼 될 것인지는 우리 생각과 마음의 스케일에 달렸다.

겨우 몇 번 시도해보고 '나는 절대 안 돼'라고 되뇌며 살 것인가? 아니면 수백 번, 수천 번이라도 도전하고 또 도전하는 삶을 살 것인가?

어린아이가 걸음마를 배워 걷게 되는 것은 포기를 모르기에 가능한 삶의 작은 기적이듯, 우리가 포기를 모른다면 삶의 기적은 반드시 일어난다. 라면왕 이철호는 포기를 몰랐다. 아무것도 없었지만 그는 절대로 포기하지 않았다. 그 결과 노르웨이 초등학교와 고등학교 교과서에 그의 사연이 실려 국민 영웅이 되었고, 총리보다 더 유명해졌다.

우리가 돌아봐야 할, 또 한 사람의 성공 신화가 있다. 그는 글쓰기를 좋아하는 소년이었다. 고등학교 시절에는 시와 연극 경연 대회에 참가하여 상을 타기도 했다. 그러나 부모는 아들이 돈을 많이 버는 기술자가 되기를 원했다. 부모와의 갈등은 우울증을 불러왔고, 분노에 가득한 소년은 정신을 차릴 수가 없었다. 결국 소년은 10대 시절에 세 차례나 정신병원에 입원해야 했다. 이후에 대학에 들어갔으나 중퇴하고 반정부 활동을 하다 두 차례나 투옥되어 심한 고문을 당하기도 했다.

청년은 히피 문화에 심취하여 록밴드를 결성하기도 했고, 곡을 쓰기도 했으며, 한때 배우로 연기도 하고, 연출가가 되어 극을 상연하기도 했다. 텔레비전 프로듀서로 일한 적도 있었다. 이렇게 다양한 시도를 했지만, 어떤 것도 그의 인생을 하늘 높이 날게 하는 큰바람이 되지는 못했다.

1982년 그는 첫번째 책 『지옥의 문서보관소Hell Archives』를 출간했지만 아무도 주목하지 않았다. 실패였다. 그러나 그는 좌절하지 않고 다시 도전했다. 1985년 두번째 책 『흡혈귀 실용 안내서The Practical Manual of Vampirism』를 출간했다. 그러나 역시 아무도 주목하지 않았고 실패로 끝났다.

이런 상황에서도 그는 큰 날개를 펼칠 큰바람을 찾았다. 원대한 꿈과 목표를 정했고, 다니던 음반 회사의 중역 자리를 박차고 나왔다. 그대로 있다가는 절대로 큰 삶을 살 수 없음을 깨달았기 때문이다. 그의 나이 서른여덟 살 때였다. 그는 안정된 삶을 포기하고, 자신을 얽매던 모든 것을 벗어던지고 인생 순례에 나섰다. 그 순례를 통해 그는 비로소 자신과 대면하고 큰 깨달음을 얻었다. 옛말에 "크게 버려야 크게 얻는다"라고 했듯이 현재 자신에게 가장 중요하다고 믿는 것에 연연하지 않고, 대담하게 모든 것을 내려놓고 결단력과 추진력을 발휘할 때 더 값진 것을 얻을 수 있다.

순례 경험을 바탕으로 그는 책 두 권을 썼다. 그중 한 권이 『연금술사』이다. 그는 이 책으로 '가장 많은 언어로 번역된 작가'가 되어 2009년 기네스북에 올랐다.

그렇다. 이는 우리 시대에 가장 많은 사랑을 받고 있는 작가 파울로 코엘료의 이야기다. 그는 여러 차례 실패했지만 좌절하지 않았고, 긍정적인 태도와 자세로 성공과 행복에 집착하지 않고 모든 것을 내려놓을 줄 알았다. 그렇게 스케일이 큰 안목으로 참된 자유를 찾았을 때 진짜 인생이 그에게 다가왔고, 그는 하늘 높이 비상했다. 그가 눈앞에 보이는 자리나 경제적 안정에 집착했다면 『연금술사』와 같은 명작도, 작가 파울로 코엘료도 탄생하지 못했을 것이다. 그는 순례를 통해 세상을 바라보는 시각을 바꾸게 되었고, 그의 책은 심오한 철학을 담은 위대한 작품으로 탄생했다. 『연금술사』는 전 세계 160여 개국 71개 언어로 번역되어 1억 1500만 부가 넘는 판매를 기록하고 있다.

그의 인생이 높이 비상하게 된 것은 그에게 남다른 재능이나 능력이 있어서가 아니라, 모든 것을 내려놓고 자신을 조용히 들여다보며 참된 자유와 인생의 의미를 찾은 덕분이다. 그리고 소설을 통해 그 소중한 깨달음의 경험을 우리에게 전해주었기에 수많은 독자들이 열광하는 것이다. 그의 삶을 통해 우리는 인생을 살아가는 데 중요한 것은 세속적인 성공 자체가 아니라 자기 삶을 진실하게 바라보고 참되게 살아가려는 긍정적인 자세라는 것을 배운다.

우리가 무언가를 간절히 원할 때 우주는 우리의 소망이 실현되도록 도와준다는 『연금술사』의 주제처럼, 어떤 것에도 연연하지 않고 어떤 시련이 닥쳐도 평상심을 유지할 수 있을 때 세상은 우리 삶을 하늘 높이 날아오를 수 있게 해주는 큰바람이 된다.

마지막으로 살펴볼 인물은 오늘날 전 세계에서 가장 성공한 작가이다. 2000년 이후 전 세계에서 가장 많이 팔린 책 「해리포터」 시리즈를 쓴 조앤 롤링이다. 그녀는 지금 누구보다도 스케일이 큰, 성공적인 인생을 살아가고 있다.

그녀에게 큰물, 큰바람은 무엇이었을까? 그녀는 1965년 7월 31일 잉글랜드의 브리스톨 인근에 있는 작은 도시에서 태어났다. 어려서부터 책 읽기를 좋아했고, 학창 시절에는 소설가가 되는 것이 꿈이었던, 어찌 보면 평범한 소녀였다. 하지만 그녀의 삶은 평범하지 않았다.

그녀는 성격과 가치관의 차이로 남편과 헤어져 어린 딸을 혼자 키워야 하는 가난한 이혼녀가 되었다. 변변한 직업도 없고 모아놓은 돈도 없었기에 그녀는 정부 보조금으로 간신히 연명하는 신세가 되었다. 배고파 우는 갓난아기에게 분유를 사줄 돈조차 없어 맹물을 먹여야 했던 그녀는 인생의 밑바닥을 처절하게 경험했다. 우울증이 심했고, 자살을 생각하기도 했다.

그랬던 그녀가 어떻게 하루에 10억을 버는 작가, 재산이 1조 2000억이 넘는 부자가 되었을까? 그것은 바로 "1퍼센트의 가능성만 있다 해도 용기 있게 도전한다면, 그리고 어떠한 어려움이 있더라도 담대하게 행동한다면 반드시 꿈을 이룰 수 있다는 믿음" 덕분이었다. 그녀는 가장 혹독한 환경에서 가장 아름다운 꽃이 핀다는 사실을 잘 알고 있었다. 더 많은 것을 얻고 싶다면 더 많은 것을 심고, 더 노력하고 더 도전해야 한다는 사실을 누구보다도 잘 알고 있었고, 그것을 행동으로 옮겼다.

그녀는 하버드 대학교 졸업식 축사에서 이렇게 말했다.

> 더 내려갈 수 없는 밑바닥을 체험한 것이 제가 인생을 다시 세울 수 있는 단단한 기반이 되어주었습니다. 바닥을 치면 이제 더는 두려울 것도, 거리낄 것도 없습니다. 다시 일어나 나아갈 일만 남았기 때문입니다.

그녀는 모든 것을 잃었고 더는 잃을 것이 없다는 사실을 깨닫자 모든 두려움을 떨쳐버릴 수 있었고, 그동안 제대로 도전해보지 않았던 직업적인 글쓰기에 모든 것을 쏟아부을 수 있었다. 그렇게 「해리 포터」 시리즈가 탄생했다.

그러나 그녀의 원고가 대번에 출판사에서 환영받았던 것은 아니었다. 그녀는 완성된 원고를 들고 열두 군데 출판사의 문을 두드렸지만 번

번이 퇴짜를 맞았다. 그러나 그녀는 끝없이 도전했고, 결국 세계적으로 4억 5000만 권이 팔리는 초대형 베스트셀러가 탄생하게 되었다.

누구의 인생에도 정답은 없다. 축구 선수가 골문을 향해 달려가는 순간이 바로 축구의 본질이듯이, 우리가 살아가는 이 순간이 바로 우리의 본질적인 인생이다. 어찌 보면 공을 골대에 넣느냐 넣지 못하느냐는 중요하지 않다. 선수가 골대를 향해 공을 차는 순간에 주어지는 결과는 골인과 골아웃의 두 가지밖에 없으며, 골아웃이 있기에 골인에 의미가 부여될 뿐이다. 축구에서나 인생에서나 진실로 중요한 것은 결과의 불확실성을 알면서도 그것을 시도한다는 데 있다. 그리고 그것을 어떻게 시도하느냐, 어떻게 축구를 하고 어떻게 인생을 살아가느냐에 모든 것이 달렸다. 치졸하게, 비루하게, 왜소하게 살아갈 것인가, 아니면 큰 생각, 큰마음을 품고 살아갈 것인가. 멋진 플레이를 한다면 설령 공이 골대를 벗어난다 해도 부끄러울 것도 안타까울 것도 없다. 큰 삶을 산다면 설령 기대했던 성공에 도달하지 못한다 해도 후회할 것도 자책할 것도 없다.

그러나 세상에서 가장 큰 낭비는 한 번뿐인 인생을 시시하게 사는 것이다. 가장 중요한 것은 가슴 뛰는 삶을 살아가는 것이다. 그것이 최고의 성공이며 최고의 인생이다.

물속에 잠긴 곤이 될 것인지, 구만리 높은 하늘 끝까지 비상하는 붕새가 될 것인지의 선택은 오롯이 스스로에게 달렸다. 삶의 스케일은 자신이 정하는 것이고, 아무것도 선택하지 않는 사람에게는 그것을 정할 기회조차 주어지지 않는다.

당신은 과연 어떤 스케일의 삶을 살아갈 것인가?

함 께 한 책 들

공자 지음, 김원중 옮김, 『논어』, 글항아리, 2013

구본형 지음, 『익숙한 것과의 결별』, 을유문화사, 2007

남회근 지음, 신원봉 옮김, 『주역계사 강의』, 부키, 2011

노먼 빈센트 필 지음, 이정빈 옮김, 『적극적인 사고방식』, 지성문화사, 2009

데이비드 베일즈·테드 올랜드 지음, 임경아 옮김, 『예술가여, 무엇이 두려운가』, 루비박스,
    2012

로버트 I. 서튼 지음, 오성호 옮김, 『역발상의 법칙』, 황금가지, 2003

로버트 K. 그린리프 지음, 강주헌 옮김, 『서번트 리더십 원전』, 참솔, 2006

로버트 앤서니 지음, 이호선 옮김, 『나를 믿는 긍정의 힘 자신감』, 청림출판, 2010

로저 로젠블랫 지음, 권경희 옮김, 『유쾌하게 나이 드는 법 58』, 나무생각, 2009

리처드 브랜슨 지음, 김명철 옮김, 『닥터 예스』, 황금부엉이, 2008

리처드 와이즈먼 지음, 박종하 옮김, 『왜 나는 눈앞의 고릴라를 못 보았을까?』, 세종서적, 2005

리처드 칼슨 지음, 강미경 옮김, 『우리는 사소한 것에 목숨을 건다』, 창작시대, 2011

맹자 지음, 박경환 옮김, 『맹자』, 홍익출판사, 2005

볼테르 지음, 이병애 옮김, 『미크로메가스·캉디드 혹은 낙관주의』, 문학동네, 2010

사마 천 지음, 김원중 옮김, 『사기』(세트), 민음사, 2015

세스 고딘 지음, 윤영삼 옮김, 『린치핀』, 21세기북스, 2010

세인트 존 지음, 이진원 옮김, 『리치』, 위즈덤하우스, 2010

손무 지음, 김원중 옮김,『손자병법』, 글항아리, 2011

순자 지음, 김학주 옮김,『순자』, 을유문화사, 2008

스콧 버쿤 지음, 임준수·서상원 옮김,『이노베이션 신화의 진실과 오해』, 한빛미디어, 2008

스테판 쉬프만 지음, 권치오 옮김,『점심 전에 시작하라』, 좋은책만들기, 2006

앤서니 라빈스 지음, 조진형 옮김,『네 안에 잠든 거인을 깨워라』, 씨앗뿌리는사람, 2008

에모토 마사루 지음, 홍성민 옮김,『물은 답을 알고 있다』, 더난출판사, 2008

여천 무비 지음,『임제록 강설』, 불광출판사, 2005

여현덕 지음,『나를 뛰어넘는 도전』, 중앙북스, 2008

오리 브래프먼, 롬 브래프먼 지음, 강유리 옮김,『사람의 마음을 흔드는 선택의 비밀, 스웨이』,
    리더스북, 2009

윌리엄 셰익스피어 지음, 이경식 옮김,『햄릿』, 문학동네, 2016

유안 지음, 이석명 옮김,『회남자』, 소명출판, 2010

이철호·이리나 리 지음, 손화수 옮김,『라면왕 이철호 이야기』, 지니넷, 2014

장자 지음, 김학주 옮김,『장자』, 연암서가, 2010

장주 지음, 김갑수 옮김,『장자』, 글항아리, 2015

조셉 머피 지음, 김미옥 옮김,『잠재의식의 힘』, 미래지식, 2011

조지 소로스 지음, 이건 옮김,『이기는 패러다임』, 북돋음, 2010

존 맥케인·마크 솔터 지음, 윤미나 옮김,『인격이 운명이다』, 21세기북스, 2006

존 아사라프·머레이 스미스 지음, 이경식 옮김,『해답』, 랜덤하우스코리아, 2008

진 베델 지음, 김순미 옮김,『석세스 존』, 위즈덤하우스, 2011

짐 론 지음, 박옥 옮김,『내 영혼을 담은 인생의 사계절』, 더블유북, 2011

짐 콜린스 지음, 이무열 옮김,『좋은 기업을 넘어 위대한 기업으로』, 김영사, 2005

탈 벤 샤하르 지음, 노혜숙 옮김,『해피어』, 위즈덤하우스, 2007

파울로 코엘료 지음, 최정수 옮김,『연금술사』, 문학동네, 2001

폴 매케나 지음, 송택순 옮김,『온! 리치』, 웅진윙스, 2010

하루야마 시게오 지음, 반광식 옮김,『뇌내혁명』, 사람과책, 1996

한근태 지음,『한국인 성공의 조건』, 위즈덤하우스, 2005

혼다 켄 지음, 최현미 옮김,『행복한 부자』, 더난출판사, 2004

스케일의 법칙

행복하고 성공적인 삶의 기술

초판 1쇄 인쇄 2018년 11월 30일
초판 1쇄 발행 2018년 12월 10일

지은이 김병완
펴낸이 염현숙
편집인 신정민

편집 신정민 박민주
디자인 이현정
마케팅 정민호 한민아 최원석 우상희
모니터링 황지연
홍보 김희숙 김상만 이천희
제작 강신은 김동욱 임현식
제작처 영신사

펴낸곳 아템포
출판등록 2014년 7월 6일 제406-2014-000064호
주소 10881 경기도 파주시 회동길 210
전자우편 paper@munhak.com | 팩스 031-955-8855
문의전화 031-955-8886(마케팅) 031-955-3583(편집)
ISBN 978-89-546-5428-9 03320